Na Rota do Ano 2000

EME
EDITORA

Edição e Distribuição:

EME
E D I T O R A

Rua Madre Valéria, 903 - Caixa Postal 93
13360-000 — Capivari - SP
Fone/Fax: (0194) 91-3878

Na Rota do Ano 2000

Antonio F. Rodrigues
Celso Martins

Capivari - SP
1984

4ª edição – 07/1995 – Do 14º ao 15º milheiro

Capa: Nori Figueiredo

Arte-Final: Matheus Camargo

Ficha Catalográfica

Martins, Celso e outro

Na Rota do Ano 2000, Celso Martins e Antonio F. Rodrigues, 1ª edição Editora Lar/ABC do Interior (1984), a partir da 4ª edição Editora EME (1995).

116 p.

1 - Espiritismo.

2 - Crônicas e Estudos Doutrinários.

CDD 133.9

ÍNDICE GERAL

Apresentação 8
1 — Tempos difíceis 9
2 — Transição 11
3 — Espadas ou arados ? 13
4 — Evolução em todos os reinos 17
5 — Cura radical 19
6 — Os livros e a oração 21
7 — A questão das evocações 25
8 — Evocação de pessoas vivas 27
9 — Curas espirituais 31
10 — Sessões práticas: públicas ou privadas? 35
11 — Procedimentos esdrúxulos 39
12 — À luz das estrelas 41
13 — Como encarar a morte 47
14 — Mortes prematuras 49
15 — Doutrina de paz e de luz 51
16 — Expiações coletivas 57
17 — O papel dos médiuns nas comunicações 59
18 — Mediunidade e Espiritismo 63
19 — Como se trajam os Espíritos 69
20 — Valorizemos o tempo 71
21 — Conversando com os médiuns 73
22 — Mundo de regeneração 85
23 — Obsessão 89
24 — Idéias em tópicos 93
25 — Mediunidade: Sintonia e Interpretação 99
26 — Velório 101
27 — Estudando as obras espíritas 103
28 — Eutanásia, um crime adotado 109
29 — Um caso de esquizofrenia 111
30 — Na rota do Ano 2.000 113

APRESENTAÇÃO (1.ª EDIÇÃO)

Pensando bem, não há necessidade de nenhuma apresentação. Os autores (Antonio Fernandes Rodrigues e Celso Martins) são muito conhecidos, já que escrevem com muita freqüência em diversos jornais e até têm livros publicados por nossa Editora ABC do Interior. Quanto ao livro, ele se apresenta por si mesmo.

Com efeito, estamos a menos de vinte anos do tão sonhado século Vinte e Um! Estamos nas vésperas do tão sonhado Terceiro Milênio, período em que o mundo deixará a condição atual de provas e expiação para ingressar numa época de paz e de harmonia na categoria de mundo de regeneração, com o predomínio do bem e da luz.

Este livro é uma contribuição para tal advento com que tanto sonhamos e pelo qual tanto trabalhamos. Aqui se fala em coisas espirituais (temor da morte, a mediunidade, a vida além da sepultura) à luz da mensagem superior do Espiritismo, na tentativa de espiritualizar a Humanidade.

Lê-lo é quase ler uma mini-biblioteca, já que os autores souberam citar casos, dar dados, ilustrar com exemplos interessantíssimos, fundamentando-se sempre nas obras do ilustre Codificador ALLAN KARDEC.

Caro leitor, bom proveito então com a leitura de um livro que decerto irá agradar em cheio os nossos amáveis clientes de todo o Brasil e, talvez, até fora dele.

Conchas-SP, março de 1984

Rodrigues de Camargo

1 — TEMPOS DIFÍCEIS

Antonio F. Rodrigues

Quando vemos nos jornais os crimes e roubos de todos os tipos; quando vemos as tragédias alcançando os velhos e crianças, ricos e pobres, bons e maus;

quando vemos os efeitos das crises atingindo os operários de todas as categorias;

quando vemos o cáos nas finanças e na política de todas as nações;

quando vemos que todos esses problemas recrudescem, sem possível contenção,

ficamos atônitos e sem uma explicação.

Mas ao tomarmos conhecimento da bondade e justiça Divina, ficamos sabendo que tudo aquilo que nos acontece é o melhor para nós, embora não saibamos o porquê de tão amargo remédio. Entretanto, duma coisa estamos certos, quando aceitamos tudo pacientemente, sofremos menos e ganhamos melhores condições espirituais, ao partirmos para nova dimensão da vida. Porque o desespero agrava, ao invés de eliminar os problemas. E como passamos a saber que todo mal não erra de endereço, porque os erros do passado funcionam como limalha, atraída pelo ímã, passamos a aceitar tudo compreensivamente, certos de que somos nós mesmos os culpados de tão funesta colheita. Portanto, aceitemos, como Job, tudo que nos atinge, e seremos os vencedores nos embates deste mundo de provas e expiações.

Coletiva ou individualmente, estamos atingindo os prazos fatais, em que a Lei está nos cobrando os débitos do passado e que foram objetos de sucessivos adiamentos. Assim sendo, não estranhemos os problemas que afligem a humanidade, porque Deus corrige o homem através dos próprios homens, e felizes daqueles que estão pagando e não contraindo dívidas.

É necessário que haja escândalos, mas ai daquele pelo qual venha o escândalo!

Quando Jesus nos prometeu as bem-aventuranças, falando que os mansos herdariam a Terra, evidentemente referia-se a um futuro indeterminado, que poderia levar séculos ou milênios.

Presentemente, ou na época em que o Cristo aqui esteve, seria impossível, tal o predomínio do mal.

A Terra já foi planeta primitivo e hoje é de provas e expiações, em transição para o de regeneração. Assim sendo, dentro de alguns séculos aqui predominará o bem, mas para que isto aconteça, é necessário que haja o exílio daqueles que persistirem no mal; e venham de outros planos Espíritos de escol, a fim de impulsionarem a renovação dos indiferentes, conscientizando-os da necessidade de aprimorarem-se, para que possam permanecer entre os que herdarão a Terra. Aliás, são palavras de Jesus, quando disse que haveria a separação do joio do trigo e que os maus seriam lançados nas trevas exteriores, onde há choro e ranger de dentes, por tratar-se de mundos primitivos, onde a violência impera soberana conforme já aconteceu na Terra, quando a raça branca aqui chegou, exilada que fora de um planeta de Capela. A perda do "paraíso", causador dos problemas e sofrimentos encontrados pela raça adâmica (representada por Adão), é bem aquilo que ocorrerá com os violentos, ambiciosos e lúbricos que serão banidos da Terra, porque sofrerão as dificuldades do ambiente hostil em que irão viver. Mas como todos evoluem, sem exceção, um dia também estes poderão regressar à Terra e desfrutarem do "paraíso" em que ela se converterá, porquanto inevitavelmente um dia os mansos herdarão a Terra.

2 — TRANSIÇÃO

Antonio F. Rodrigues

"A perversidade do homem é bastante intensa, e não parece que ele está recuando, em lugar de avançar, pelo menos do ponto de vista moral?

— Engana-te. Observa bem o conjunto e verás que ele avança, pois vai compreendendo melhor o que é o mal, e dia a dia corrige os seus abusos. É preciso que haja excesso do mal, para fazer-lhes compreender a necessidade do bem e das reformas". Estas palavras são de O Livro dos Espíritos, **questão 784.**

Sempre que tomamos conhecimento de algum acontecimento de ordem negativa no campo da moral, ficamos apreensivos pelo rumo que a humanidade vai tomando, julgando que as coisas estão piorando. No entanto, se analisarmos atentamente todo panorama mundial, em todas as atividades humanas, comparando-as com o que acontecia há algumas centenas de anos atrás, chegamos à conclusão de que avançamos bastante.

O homem se prende aos acontecimentos do dia, achando que são difíceis, sem verificar que já passou por dramas mais angustiantes. A memória nesses casos é muito falha. Vejamos um exemplo: o assalariado adquiriu muitos direitos nestas últimas décadas, tais como férias, repouso remunerado, 13.° salário, indenizações, etc. No entanto, há poucos anos atrás, ele trabalhava de sol a sol, todos os dias, sem ter garantia alguma e percebendo apenas o suficiente para sobreviver, além de ser tratado como escravo, mesmo sendo livre, segundo as leis da época.

Mas e o erotismo, a pornografia, a sensualidade enfim, não ultrapassaram a tudo aquilo que podíamos imaginar? Respondem os Espíritos que essas satisfações representam os desejos daqueles que estão restritos ao mundo dos sentidos; e que essas pessoas visam apenas satisfazer os seus anseios carnais, por desconhecer a vida maior. E é também a resultante do próprio desenvolvimento intelectual, pois à medida que a criatura avança intelectualmente, lança-se ainda mais à procura das ilusões dos sentidos, até o momento em que acaba compreendendo que a verdadeira felicidade é espiritual e não carnal. Vemos, portanto, que sensualismo que não descambe para a violência, é apenas uma busca de felicidade dos sentidos, enquanto que o assassinato, o roubo e todo tipo de violência, representam sentimentos maus.

A questão moral é muito mais ampla e não devemos apenas qualificar de imoral alguns dos vícios que ainda nos dominam. Assim sendo, quando falamos que estamos regredindo moralmente, tendo em vista apenas a sensualidade, estamos interpretando parcialmente esse problema, porque o aspecto moral é muito maior do que imaginamos. E se abraçarmos todo o seu conjunto, comparando-o com aquilo que nos acontecia no passado, verificamos que não retrocedemos e sim melhoramos muito.

Outra questão a ser enfocada é a de que estamos vivendo uma época de transição, onde as pessoas estão sendo submetidas aos testes de avaliação e consequente seleção de valores, quando então os maus serão transferidos para mundos inferiores, segundo os graus evolutivos de cada indivíduo, enquanto que os bons herdarão a Terra, conforme nos asseverou Jesus.

Essas migrações são necessárias, seja para corrigir os infratores das Leis Divinas, seja para premiar os que se esforçaram no burilamento íntimo.

Aqueles irão sofrer os rigores do ambiente hostil que irão enfrentar, ao mesmo tempo que educarão aqueles povos primitivos, enquanto que os moralizados continuarão a viver neste mundo regenerado, ou seja, num meio mais harmonioso e conseqüentemente, mais feliz. "Quando, porém, um povo não avança bastante rápido, Deus o submete, de tempos em tempos, a um abalo físico ou moral, que o transforma". Questão 783. — O Livro dos Espíritos.

3 — ESPADAS OU ARADOS?

Celso Martins

Sempre admirei a veia artística dos trovadores. Conseguem fazer uma obra de arte em quatro linhas dizendo muito através de tão poucas mas significativas palavras. E, para maior alegria minha, o meio espírita também tem seus trovadores (encarnados e desencarnados) exprimindo muitas lições de Jesus através de quadrinhas luminosas!

Ora, num almanaque de 1961 encontrei uma trova que bem define os nossos ideais cristãos. A poetisa Lilinha Fernandes escreveu esta jóia poética:

> Se ouvisse o homem da Terra
> De Deus o conselho amigo,
> Em vez de campos de guerra
> Faria campos de trigo...

Campos de trigo... Lembra alimentação para multidões... Pão para os povos... Fartura nos lares... Abundância para todos...

No século XX tem sido pronunciada a explosão demográfica nos países considerados subdesenvolvidos, equivale dizer, naquelas nações onde o crescimento populacional não é seguido de perto pelo avanço científico e tecnológico. Diante disso, o homem da atualidade se preocupa com o espectro da fome. Mas a História nos prova que tal flagelo sempre teve lugar à face da Terra. No templo de Minerva os lacedemônios apresentavam tenebroso quadro a este respeito. Tanto como Ovídio, poeta da Antigüidade Clássica, referiu-se a aspectos impressionantes sobre a miséria. A fome chega a ser citada em termos de terrível praga social em diversas passagens bíblicas no Egito e na própria Terra da Promissão. Há até quem diga que se não houvesse faltado trigo na França ao tempo do Rei Luís XVI — talvez não eclodisse a sangrenta Revolução Francesa.

Malthus em seu célebre ENSAIO SOBRE O PRINCÍPIO DA POPULAÇÃO alarma-se ao pressentir que a produção de alimentos aumenta segundo uma proporção aritmética (1, 2, 3, 4, 5, etc...) ao passo que o número de bocas, o incremento populacional, a explosão demográfica, ocorre em ritmo de proporção geométrica (1, 2, 4, 8, 16, etc...).

De modo que, atualmente, com o orbe apresentando mais de 4 bilhões de habitantes, alimentando-se basicamente de arroz, trigo e milho, os neo-malthusianos preconizam diversas fórmulas de controle da natalidade como o uso das pílulas anticoncepcionais dentro do chamado "planejamento familiar"...

No LIVRO DOS ESPÍRITOS, exatamente na questão n.° 687, Kardec indaga ao Plano Espiritual se a população, seguindo sempre em progressão constante, como vemos, não chegará um dia em que se tornará excessiva para os recursos do planeta — obtendo esta resposta: "Não. Deus a isso provê, mantendo sempre o equilíbrio. Ele nada faz de inútil. O homem, que só vê um ângulo do quadro da Natureza, não pode julgar da harmonia do conjunto".

E na questão n.° 693-a, o Alto explica ainda que Deus deu ao homem sobre todos os seres vivos um poder que ele deve procurar usar para o Bem. A ação inteligente dele é um contrapeso posto por Deus entre as forças da Natureza para restabelecer-lhes o equilíbrio.

Colocando então sua inteligência à serviço do bem-estar do próximo, pode o homem amenizar os efeitos de uma possível superpopulação no mundo... A ciência e a tecnologia podem perfeitamente aumentar as possibilidades de produção de alimentos e de aproveitamento de recursos ainda inaproveitados... Do mar, por exemplo, poderão sair, em breve, alimentos para a Humanidade... Ele tem, ao que se sabe hoje, condições de fornecer à raça humana desde minérios, petróleo, calcáreo (usado para o fabrico de cimento), material radiativo para as futuras usinas termonucleares, até aos peixes, aos crustáceos, moluscos e algas que poderão entrar nos cardápios de nossos pratos diários.

Muito em voga atualmente o emprego pacífico da energia atômica. Com efeito, a energia contida em um átomo pode ser posta a serviço da Paz e do progresso da Humanidade, como por exemplo, irradiando alimentos de modo que eles não se deteriorem em pouco tempo. Apresentando um dado alimento maior espaço de vida útil, poderá perfeitamente ser utilizado na alimentação de muitas bocas. O uso apropriado de fertilizantes poderá recuperar terras cansadas. O emprego de inseticidas adequados poderá combater insetos que estragam cereais, frutas e hortaliças... Um mundo de novas possibilidades surge aos homens do século XX, desde que eles coloquem para o Bem a sua inteligência, restaurando o equilíbrio da Natureza.

Por isso é que a trovadora Lilinha Fernandes conclamava o homem a fazer menos campos de guerra e mais campos de trigo, quer dizer, aumentar, aprofundar, diversificar, numa palavra, dar maior ênfase à indústria da Paz, e não seguir o conselho de Maquiavel ao Príncipe no sentido de armar-se mais e mais, para nunca ser vencido e sempre vencedor, na eternização da filosofia de Hobbes: **o homem lobo do homem.**

Afinal, ensinava Jesus que nos **amássemos** uns aos outros. Ele jamais nos recomendou que nos **amassemos** em clima de ódio e rancor!

Mais arados e menos espadas — eis o que se nos impõe!

Laurence Erving e Roberts C. Sellers no interessante livro **Armed Forces of the World** mostraram como onze países gastam mais de um bilhão de dólares em despesas bélicas. O noticiário da época informava que os Estados Unidos da América gastaram perto de 150 milhões de dólares na guerra química contra o Viet-Name, a despeito de este tipo de guerra estar desde 1925 terminantemente proibido de ser utilizada devido às conseqüências que acarreta... Não obstante, quantas bombas tipo **napalm** foram atiradas no conflito do Extremo-Oriente!...

Depois da Guerra do Viet-Name ainda conhecemos, estarrecidos, a das Malvinas, da Inglaterra e Argentina... Presenciamos, agoniados, as operações no Oriente Médio entre Irã e Iraque, envolvendo o Líbano... Assistimos, entristecidos, às guerrilhas na América Central envolvendo El Salvador, Nicarágua e adjacências... Tomamos ciência da presença soviética no Afeganistão e a presença ianque em Granada... Como é triste, profundamente triste saber que estas coisas ainda acontecem hoje em dia quando todo este esforço e todos estes gastos poderiam e deveriam ser canalizados para a paz, para o progresso e bem-estar da Humanidade...

Mais arados e menos espadas — novamente conclamamos, para o benefício da família humana.

"Em vez de campos de guerra, (façamos) campos de trigo"...

Infelizmente, a inobservância das Leis de Deus, o orgulho de uns e a inércia de outros, a vaidade e o egoísmo — é que têm feito com que ainda haja carência de alimentos para muitos povos e nações... Só a prática efetiva do "amai-vos uns aos outros como Jesus nos amou" é que poderá garantir a todos um mínimo de condições e recursos para a sua manutenção e para a sua sobrevivência... Não temamos os efeitos da superpopulação do Globo que os conhecimentos tecnológicos poderão aproveitar mais e bem melhor o solo, a água, os vegetais, o ar, os animais, os minérios... Temamos as conseqüências deletérias da nossa tão profunda falta de AMOR!... Senão, vejamos exemplos desta dolorosa realidade planetária: 1.º) A construção de um destróier custa 100 milhões de dólares, o que daria para eletrificar 13 cidades e 19 zonas rurais com população de nove milhões de habitantes. 2.º) O dinheiro gasto com armamentos durante 15 dias (!) no mundo inteiro daria para fornecer durante um ano a toda população da Terra alimentos, água limpa, educação, assistência médica, habitação. Ora, tenhamos mais arados e menos espadas! Tenhamos mais cuidado em semear a branca semente do trigo no lugar das explosões das bombas termonucleares... Sejamos mais fraternos, mais humanos, riscando para sempre do dicionário humano a nefasta palavra — GUERRA!... E aí haverá pão, alimentos, fartura, abundância para todos num clima de paz e de alegria, de progresso e de ventura, passando o mundo a ser em verdade muito mais feliz!...

4 — EVOLUÇÃO EM TODOS OS REINOS

Antonio F. Rodrigues

Sempre que ouvíamos falar da bondade e justiça divina, ficávamos meditando a respeito do destino dos animais. Será que eles não tinham a mesma oportunidade evolutiva que os homens? Essa dúvida deixou de existir quando lemos a resposta da questão 540 do Livro dos Espíritos, que em suas palavras finais afirma: "É assim que tudo serve, tudo se encadeia na Natureza, desde o átomo primitivo até o arcanjo, pois ele mesmo começou pelo átomo". Tal resposta causou-nos grande alegria, pois além de responder à nossa indagação, ampliava ainda mais a possibilidade evolutiva, estendendo-a aos demais reinos da Natureza.

Com as questões 592 a 613 do mesmo livro e os capítulos X e XI da "A Gênese", o assunto ficou ainda mais claro, dando-nos maiores ensinamentos sobre o tema, inclusive no que tange ao "elo perdido", ou seja, sobre o ante-humano. (Q. 609-LE).

"Haveria assim uma filiação espiritual do animal ao homem, como há uma filiação corporal". (A Gênese — cap. XI, ítem 23).

Aliás, Emmanuel também nos fala sobre os sub-humanos, que vivem no plano espiritual, adaptando-se para nascerem como seres racionais, afirmando o seguinte: "Mais de vinte bilhões de almas conscientes, desencarnadas, sem nos reportarmos aos bilhões de inteligências sub-humanas que são aproveitadas nos múltiplos serviços do progresso planetário, cercam o domicílio terrestre, demorando-se noutras faixas de evolução". (Roteiro — pág. 43). André Luiz, por sua vez. nos ensina que: "Não há favoritismo no Templo Universal do Eterno, e todas as forças da Criação aperfeiçoam-se no Infinito. A crisálida de consciência, que reside no cristal a rolar na corrente do rio, aí se acha em processo liberatório; as árvores que por vezes se aprumam centenas de anos, a suportar os golpes do inverno e acalentadas pelas carícias da Primavera, estão conquistando a memória; a fêmea do tigre, lambendo os filhinhos, recém-natos, aprende rudimentos do amor; o símio, guinchando, organiza a faculdade da palavra". (No Mundo Maior — pág. 41).

Outros autores encarnados e desencarnados também já falaram sobre a evolução de todas as criações de Deus, o que demonstra que não são afirmações isoladas, portanto merecedoras de todo crédito, o que vem confirmar os ensinamentos de Kardec e dos Espíritos que o assistia, bem como de Emmanuel e André Luiz, que tantas revelações nos trouxeram através da psicografia do Chico Xavier. Mas para concluir este trabalho, vamos citar um caso interessante sobre animais, que demonstra que mesmo entre os da mesma espécie existem diferenças evolutivas. No jornal "MUNDO ESPÍRITA", edição de fevereiro/83, o jornalista e escritor Aureliano Alves Netto conta o seguinte fato: "Há senso de solidariedade e abnegação no meio dos integrantes da mesma espécie animal. Um célebre cirurgião encontra, na rua, um cão com a pata esmagada. Condói-se dele e o leva para casa. Trata-o com desvelo e lhe dá liberdade. O cão faz "festas" ao bondoso médico, manifestando grande reconhecimento e parte, contente. Doze meses depois, "alguém" arranha a porta da casa em que mora o doutor, e se põe a latir insistentemente. Era o antigo paciente. Manda o cirurgião o criado acompanhar o cão e, chegando ambos ao pátio da casa, tocam com um ferido, trazendo a pata quebrada, igualmente um cão, que o modesto samaritano de sua raça havia trazido ao seu benfeitor para que o curasse".

Diante de um fato como este, não sabemos a quem mais aplaudir, se o gesto caridoso do médico que socorreu o pobre cão sem dono, portanto sem esperar retribuição, pois visava apenas ajudar aquela criatura, ou se o cão agradecido que reteve na memória o benefício recebido e procurou o seu benfeitor para que este também ajudasse um irmão de raça que se encontrava nas mesmas condições que estivera?

Realmente o chamado animal irracional deu uma demonstração evidente de racionalidade, conservando na memória essa experiência e lançando mão desse aprendizado quando a oportunidade surgiu. Este exemplo confirma o ensino espírita constante da questão 593-LE, que afirma que os animais têm inteligência, embora limitada.

5 — CURA RADICAL

Antonio F. Rodrigues

Aqueles que procuram o Espiritismo com o intuito de se libertarem de perturbação espiritual ou de uma doença qualquer e não obtêm o que desejam, afastam-se iludidos pelo "canto da sereia" de alguma seita que lhes acena com a esperança de pronta solução de seus males. Não nos iludamos com pseudo curas! Se não sofrêssemos as conseqüências de nossos erros, como iríamos aprender as lições da vida? Não saberíamos distingüir o certo do errado.

É evidente que teremos que lutar contra todas as aflições, mas jamais, de forma milagrosa.

Em todo tipo de cura, deve existir a nossa participação, de forma vivencial, eliminando as causas que deram origem aos sofrimentos.

São estas as recomendações que o Espiritismo nos transmite, que não sendo seguidas por aqueles que esperam soluções simplórias, debalde são encontradas em outras fontes.

Analisemos criteriosamente o nosso comportamento e veremos que os males que nos atormentam, persistirão intermitentemente, enquanto não destruirmos a causa dos mesmos. Portanto, soluções superficiais são enganosas! Julgamos atingir o nosso objetivo por atalhos, mas o que acontece é entrarmos num beco sem saída, perdendo tempo e padecendo muito mais.

Às vezes os males são reversíveis, cessam e retornam, porque idêntica condição é a que apresentamos, isto é, tornamos a cair nas mesmas tentações que tínhamos superado, e desastradamente repetimos a queda.

Não tenhamos ilusões, somente vencem aqueles que persistem até o final, na conquista do aperfeiçoamento.

Quem nos apresenta melhores condições para esse tentame é a Doutrina que sob o tríplice aspecto: ciência, filosofia e religião, pode abranger todos os campos que surjam; sejam de ordem material ou espiritual. Isto não significa que estejamos condenando as outras escolas, porque todas contribuem satisfatoriamente, dentro de sua faixa de atuação. Entretanto, sendo o Espiritismo uma Doutrina transmitida pelas entidades espirituais, encontra-se na vanguarda por abranger os dois planos e estar sempre acrescida de novas instruções, segundo o amadurecimento da humanidade.

Os Espíritos, tendo uma visão mais ampla dos problemas que nos afligem, porque analisam as causas, que às vezes se encontram nas existências anteriores, sabem melhor do que nós aquilo que é mais importante para nosso restabelecimento integral. As nossas precipitações representam quebra da dieta indicada pelos nossos orientadores espirituais, para a nossa cura radical.

6 — OS LIVROS E A ORAÇÃO

Celso Martins

Você naturalmente conhece Flaubert. Sim, Gustave Flaubert, famoso romancista francês (1821-1880), autor do romance **Madame Bouvary.** Pois bem, certa feita a mãe lhe teria dito:

— Meu filho, os livros estão secando o teu coração!

A pobre criatura, em seu zelo maternal, achava que o filho, à força de tanto estudar, acabaria trocando a realidade da vida pelo mundo da fantasia e da imaginação. Afinal, não foram mesmo os romances de cavalaria galante, tão ao sabor da cultura medieval, que levaram um modesto fidalgo da Espanha a correr o mundo como Dom Quixote, com Sancho Pança a tiracolo, atirando-se contra os moinhos de vento, na genial criação de Miguel Cervantes?

Muita gente acha que, de fato, a leitura, o estudo, tudo isto faz mal à cabeça!

Evidentemente não vou querer que cada leitor meu seja um outro Daniel Huet! Sim, segundo René Peter no livro **"Vie Secrète de l'Académie Française"**, foi Daniel Huet o homem que mais leu no mundo! Duas vezes bispo, pediu para ser novamente um simples abade a fim de dispor de mais tempo livre dedicado à leitura.

Certa ocasião alguém o procurou, quando era bispo. O servo deu a resposta de sempre:

— O Monsenhor está estudando...

O visitante não se deu por achado e reclamou imediatamente:

— Por que é que nos mandam um padre que ainda não terminou os seus estudos?

Claro que não desejo que cada leitor meu se transforme em um outro Daniel Huet! Que, por sinal, morreu aos noventa e um anos de idade, em regime de perfeita sanidade mental! O estudo, a leitura, tudo isto não lhe fez mal à cabeça!

A leitura amplia o nosso raciocínio, alarga o nosso modo de ver as coisas, de analisar o mundo, de considerar as criaturas, de entender os fatos. Numa palavra, o estudo aprofunda a nossa compreensão da vida! O autor de um bom livro como que nos coloca debaixo dos olhos uma nova lente e aí passamos a enxergar de um modo diverso do que víamos anteriormente! E aí um mesmo tema se nos surge sob outros ângulos e poderemos vislumbrar coisas que, antes, não enxergávamos.

Por isso, já proclamou o Irmão X, pelo lápis de Chico Xavier, ser o livro, depois da oração, aquela escada que permite a aproximação do homem até Deus.

E já que lembrei o Irmão X pondo em primeiro lugar o valor da prece, também a leitura de bons livros nos fará entender melhor o mecanismo pelo qual a prece pode beneficiar a criatura. Senão, vejamos ainda.

Nunca é demais tocar neste assunto — o poder da prece — para robustecer a nossa fé, revitalizar nossas esperanças, reabastecer nossa confiança no imenso amor de Deus. O reverendo protestante Franklin Loehr publicou nos Estados Unidos da América um livro que despertou grande interesse por lá. Intitula-se "**O Poder da Prece sobre as Plantas**". Sua técnica consistiu em plantar determinada quantidade de sementes (qualquer semente) sob as mesmas condições ambientais (solo, luz, calor, oxigênio, umidade etc.). Metade delas é submetida a preces; a outra metade, não. Depois de algum tempo o crescimento dos vegetais é comparado. Qualquer diferença há de corresponder a uma possível influência das preces, uma vez que, as condições externas são as mesmas para ambos os grupos. E de fato ocorrem diferenças. Refinou-se a técnica, passando-se a orar não diretamente sobre as plantas ou sobre as sementes. Mas sobre a água que as regava. Mais tarde chegou-se ao ponto de dividir aquelas plantas em três categorias: 1.° grupo - recebiam orações positivas; 2.° grupo - recebiam (vamos dizer assim) orações negativas, na tentativa de inibir o seu crescimento ou mesmo minguá-las; e por fim, 3.° grupo - não recebiam prece alguma, nasciam sob condições normais.

Pois bem, ao cabo de repetidas experiências Loehr chegou à conclusão de que as plantas que recebiam preces favoráveis cresceram todas 241,75% a mais do que as que receberam "preces deprimentes", isto para as raízes; e perto de 159% para o caso dos seus caules. Evidenciou-se, sem dúvida, o poder positivo da oração também sobre as plantas. Foi mais longe a experiência do reverendo americano. Acompanhou até à colheita e viu que as sementes sobre as quais orou produziram colheita mais abundante, de grãos maiores; notou que tais plantas se comportaram mais fortemente em relação às pragas, aos insetos e mesmo à seca.

Amigos, sirvam de exemplo para nós, criaturas humanas às vezes tão desanimadas, estes dados da experiência do referido protestante dos Estados Unidos. A prece pode perfeitamente cooperar na cura de nossos males orgânicos. Se viermos a conjugar o tratamento médico convencional com a terapêutica da oração sincera, da água fluidificada e do passe revitalizador que alcança o nosso perispírito — poderemos ter alívio em nossas dores!

Conjugando-se então a paz promanada pela oração com a luz advinda pelo estudo, coroando uma vida de trabalho no caminho do Bem, poderemos, dentro do relativismo da vida humana, ser felizes na elaboração sincera e espontânea da íntima alegria de viver!

Léon Denis, o sempre lembrado seguidor de Kardec, em o livro **"O Grande Enigma"**, editado pela FEB, nos alerta que "a prece deve ser uma expansão íntima da alma para com Deus, um colóquio solitário, uma meditação sempre útil, muitas vezes fecunda. É, por excelência, o refúgio dos aflitos, dos corações magoados. Nas horas de acabrunhamento, de pesar íntimo, de desespero, quem não achou na prece a calma, o reconforto e o alívio a seus males? (...) em verdade, ela não pode mudar às leis imutáveis; ela não poderia de maneira alguma mudar os nossos destinos; seu papel é proporcionar-nos socorros e luzes que nos tornem mais fácil o cumprimento da nossa tarefa terrestre."

Amigos, livros e oração são alavancas para o nosso progresso moral e bem-estar interior.

7 — A QUESTÃO DAS EVOCAÇÕES

Antonio F. Rodrigues

Nas denominadas sessões práticas, devemos evocar os Espíritos ou aguardar que os mesmos se manifestem espontaneamente?

Kardec nos ensina, que ambas possuem vantagens e desvantagens: se aguardarmos as manifestações espontâneas, manifestar-se-ão com mais freqüência Espíritos inferiores, desejosos de tumultuarem os trabalhos, enquanto que no caso das evocações, iremos dialogar com aqueles que desejarmos. Entretanto, neste caso, não sabemos se realmente aquele que se manifesta é a pessoa evocada ou um impostor, pois não temos condições de exigir-lhe a Cédula de Identidade!

Nos meios espíritas do Brasil, a prática mais usual é a de aguardar as manifestações espontâneas. Dificilmente ocorrem evocações, a não ser nos casos de desobsessão, embora nem sempre saibamos o nome do obsessor, pois apenas chamamos aquele que está prejudicando o obsidiado.

Nos casos das evocações pode acontecer que o evocado esteja impedido de comparecer, seja por ordem superior, missão inadiável ou por falta de sintonia, sem falar na possível recusa por parte do evocado. Há ainda os casos em que o Espírito esteja reencarnado e haja impedimentos físicos (estar trabalhando, por exemplo). Outra condição impeditiva é a de estar reencarnado em mundos inferiores. Não tendo, neste caso, condições de atender ao chamado.

Kardec optava pelas evocações, pois tratava-se de um pesquisador a serviço da Doutrina nascente, exigindo-lhe um amplo leque de observações de tipos e personalidades, bem como estados evolutivos. Evocava santos e malfeitores, porquanto todos tinham algo a ensinar. Para avaliarmos o bem, é necessário conhecermos o mal. É nos contrastes que se percebem as diferenças.

Quando se evoca um Espírito, deve-se fazê-lo em nome de Deus. Mas se o evocante não tiver moral, de nada adiantará utilizar o nome do Criador. O evocador moralizado nunca solicita a presença dos Espíritos a não ser para fins instrutivos ou caritativos, segundo o grau evolutivo dos evocados. Não devemos evocar somente os superiores, mas também os inferiores, porque senão estaremos sendo egoístas. Não devemos pensar somente em receber, mas também em dar. Assim sendo, os trabalhos de desobsessão representam uma elevada contribuição, no campo da benemerência.

É sabido que se pode evocar encarnados, a não ser nos casos em que os mesmos estejam doentes, porque isso agravaria o mal, mas não há nenhum impedimento em se tratando de surdos e mudos, porque a surdez ou mudez é apenas do físico e não do perispírito. Kardec nos fala sobre esse assunto na Revista Espírita de 03/60. Tal possibilidade é extensiva aos idiotas, (06/60).

Outro lembrete importante é o de não evocar de forma agressiva ou impositiva e nem tampouco para questões de ordem material. Somente Espíritos inferiores atenderão pedidos desse tipo, mas cobram muito caro tais favores. O próprio ato implica, uma sintonia de padrão inferior, propiciando a esses Espíritos as condições ideais para uma obsessão de conseqüências imprevisíveis. Quem brinca com fogo pode se queimar.

8 — EVOCAÇÃO DE PESSOAS VIVAS

Antonio F. Rodrigues

Podemos evocar o Espírito de uma pessoa viva?

— Sim, desde que se pode evocar um Espírito encarnado. Questão 284, ítem 39 — (O Livro dos Médiuns).

Este tema é amplamente comentado pelos Espíritos, ao responderem às 29 perguntas feitas por Kardec, que se encontram no Livro dos Médiuns, cap. "Das Evocações", além das 80 que se encontram a partir da pág. 11 e das 66 que encontramos com início na pág. 85 da Revista Espírita, ano de 1860. É um assunto bastante interessante, principalmente quando se trata da evocação de um idiota, conforme vemos na mencionada revista, pág. 181, por se tratar de um tema pouco ventilado e que, muitas vezes, poderá nos causar embaraço, quando alguém nos questionar a respeito.

Há muitos tipos de prisões, onde os Espíritos são confinados, mas a prisão num corpo carnal nem sempre nos vem à mente em primeiro lugar. Realmente um corpo deficiente é um calabouço onde o Espírito de um transgressor da Lei é impedido de continuar o seu desatino, ou então, sofrer a punição pelos seus crimes; porque o Espírito vinculado a um corpo anormal, tem sua liberdade cerceada, ao ponto de nada poder fazer, porque não passa de uma máquina, com forma humana. "No estado de vigília tendes consciência do que se passa em vosso redor, a despeito da imperfeição dos órgãos? — Vejo, entendo, mas o corpo não compreende nem vê". Isto se explica porque "sua alma se liga ao corpo por laços materiais, mas não espirituais." O Espírito toma consciência do que se passa, mas não pode exteriorizar fisicamente tais ocorrências; aí está a punição, porque conhece os acontecimentos, mas não pode participar dos mesmos, porque estaria na condição de uma pessoa que estivesse com seus membros manietados. Deve ser uma situação dolorosa, porque não possui a liberdade de manifestação, seja para extravasar os seus impulsos animalescos, no caso de um rebelde, ou exteriorizar seus sentimentos, se for uma pessoa já submetida aos ditames da Lei. No exemplo citado por Kardec, trata-se de um rapazola de treze anos, que ansiava por libertar-se do jugo da carne, mas pelas suas respostas, vemos que ele aguardava compreensivamente o desencarne, que ocorreria dentro de alguns anos sem precisar, exatamente, quando. Tratava-se de uma punição imposta por Deus, para reparar as suas faltas cometidas numa encarnação, quando foi um jovem libertino ao tempo de Henrique III.

A situação de um cretino, segundo o exemplo citado, que pode variar de acordo com as suas necessidades, é assaz constrangedora, devido à condições em que se apresenta, isto é, espiritualmente lúcido, e materialmente inconsciente de seu drama. Mas como toma conhecimento do que ocorre, espiritualmente falando, pode presenciar cenas de comiseração, bondade e carinho, mas também de zombaria, ingratidão e repulsa, o que fará aumentar os seus sofrimentos morais. Diante desta situação, devemos policiar nossas atitudes, a fim de que não venhamos ferir ou melindrar o deficiente mental, que está passando por essa expiação.

Na pág. 93 e seguintes, da mesma revista, encontramos mais uma narrativa a respeito da evocação de uma alma, que possui corpo deficiente. Neste caso, surda e muda de nascença, mas na condição de espírito desprendido do corpo anormal, fala e ouve naturalmente, reforçando a tese de que as imperfeições orgânicas, nem sempre impedem a sua manifestação como espírito lúcido, mesmo porque, neste caso, os cinco sentidos não possuem áreas circunscritas, mas sim, age sobre todo o corpo perispiritual. Aliás, o cego, surdo ou mudo, deixa de sê-lo durante o sono, conforme afirmações de pessoas que estão passando por esses resgates. Detalhe interessante é o abordado por Kardec, quando indaga: "Como vos dais conta, desde que, por comparação, não tendes lembrança do ruído em estado de vigília? — Eu não nasci ontem." Observação de Kardec: "A lembrança da sensação do ruído lhe vem das existências em que não era surda. Esta resposta é perfeitamente lógica."

É natural que assim seja, porque se o Espírito não tomasse conhecimento de sua deficiência física, não sofreria, moralmente, as conseqüências daí advindas, representando perda de tempo ou estacionamento involuntário, o que contradiz as leis sábias do Criador, que não faz nada inútil.

Vemos, portanto, que, para conhecermos amplamente o Espiritismo, não devemos nos limitar ao estudo do pentateuco espírita, mas incluir como objeto de nossa análise, a Revista Espírita, que é um repositório de importantíssimos comentários sobre a doutrina que abraçamos.

A Revista Espírita já foi traduzida para o Português pela Edicel Ltda.: Rua Genebra, 122 — São Paulo — SP — 01316. Vale a pena estudar esta coleção.

9 — CURAS ESPIRITUAIS

Celso Martins

Dr. William Nolen durante cinco longos anos estagiou em diversos hospitais de Nova Iorque (EEUU), sobretudo no Hospital Estadual Belleuve, a fim de ganhar prática na técnica cirúrgica. E depois, para difundir ao nível do povo o fruto de suas atividades neste sentido, escreveu o livro **The Making of a Surgeon.** E este romance — Como se faz um médico-operador — para logo constituiu-se **best-seller,** isto é, para logo se tornou muito vendido com sucessivas reedições.

Vou então transcrever para os leitores alguns trechos que considero interessantes. Ei-los:

"Aprendi, quanto mais lidava com pacientes moribundos, que não importa se somos um interno ou um professor de cirurgia: a responsabilidade de decidir se um paciente deve morrer é evitada com todas as forças: há uma diferença muito grande entre um homem comum dizer: — Se eu fosse médico, não deixaria um paciente em estado desesperador continuar vivendo, e ser o médico que vai até o aparelho de oxigênio e desliga a chave e olha o paciente morrer. A responsabilidade é imensa, maior do que a maioria dos médicos deseja suportar."

E continua o Dr. Nolen:

"Sob o risco de estar me estendendo demasiadamente sobre este ponto, eu gostaria de mencionar ainda um outro fator que deve ser enfatizado, pois representa um aspecto para o qual muitos homens comuns não estão atentos. Milagres — uso o termo para exemplificar fenômenos que simplesmente não podemos explicar — realmente ocorrem.

Coloquemos em consideração uma criança de dezoito meses com um enorme tumor no abdome. Nós a abrimos, verificamos que o tumor havia envolvido tanto as estruturas vitais que não poderíamos removê-lo, fizemos a biópsia, e fechamos. Era um neuroblastoma, um tumor maligno. Explicamos aos pais que nada podíamos fazer, que o estado da criança estava acima de nossa capacidade e que a vida da criança estava, usando uma força de expressão, nas mãos do Senhor."

E arremata Dr. Nolen:

"A criança teve uma recuperação notável. Cinco anos depois estava bem viva, inteiramente bem, não apresentava nenhum indício do tumor. Por que? Eu nunca soube, nem qualquer outra pessoa pode explicar, inclusive os especialistas em pediatria. Este tipo de coisa ocorre algumas vezes, particularmente em casos de neuroblastomas. Uma vez ou outra um deles desaparece espontaneamente. Em vinte crianças, o tumor cresce e mata; em uma, em nada diferente das outras, até o ponto em que os exames possam demonstrar, o tumor se dissolve... E o mesmo pode ocorrer com outros tipos de doenças — em adultos. Dificilmente haverá um cirurgião que já não tenha dado um caso como perdido para descobrir depois que o paciente recuperou-se, uma recuperação inexplicável em termos de conhecimento científico."

Caros leitores: aí está o relato do Dr. William Nolen. A literatura médica está repleta de narrativas semelhantes. Tenho em casa também um caso congênere: meu sogro foi operado em 1969, para extração de um tumor canceroso de intestino. Operação profunda, dolorosa, demorada. O médico-operador deu-lhe, no máximo, dois anos de sobrevida! Pois bem, ele só veio a desencarnar em agosto de 1975 de outra moléstia, totalmente diversa: operado de vesícula biliar, teve um problema no pós-operatório relativo ao sangue que recebera durante a cirurgia e veio a desencarnar a breve tempo. Mas o tumor não reapareceu, como anunciara o primeiro cirurgião.

Outro caso do mesmo assunto, quer dizer, outra ocorrência de cura espiritual convém ser aqui relatado.

Creio que desde a mais tenra idade já sofresse de uma hérnia na região inguinal esquerda. Mas a referida anomalia apresentou maior gravidade quando eu era rapazola. Diversas vezes dores lancinantes me obrigaram a procurar repouso e os colegas, familiares e amigos admitindo a possibilidade de estrangulamento, exigindo imediata cirurgia de emergência. Inclusive foi o conselho que recebi do Capitão-Médico em 1963, ao me conceder isenção do serviço militar, quando tentava fazer o CPOR (Curso de Preparação de Oficiais da Reserva) do Exército Brasileiro, em um quartel de São Cristóvão (Rio de Janeiro).

Em meados deste mesmo ano de 1963 obtive a graça divina de ser curado mediante a aplicação de um passe, através de um médium chamado Borges. Ao lado de outros amigos meus, da Mocidade Espírita de Nova Iguaçú, de que eu era membro à época, ele me visitou em casa. Fiquei despido no leito, em total obscuridade e cercado de familiares e dos amigos visitantes. O médium proferiu uma prece, fez vigorosas fricções em minha virilha e recomendou, depois, repouso absoluto de 15 dias.

Como não sentisse nada de anormal, ao fim do décimo dia desejei voltar à atividade plena, dar aulas, freqüentar minha Faculdade, participar do movimento espírita. No entanto, mal me ergui do leito, e me propus a caminhar pela casa, uma dor violenta como que de alguém em fase de cicatrização me remeteu imediatamente ao leito de novo. E lá fiquei até completar o espaço de mais cinco dias, findo o qual levantei-me sem sentir absolutamente mais nada! Graças a Deus!

Anos mais tarde, em 1968, ao construir minha casa, para casar com Neli no ano seguinte, o caso é que tive a oportunidade de testar a cura espiritual! Enfrentando mil e uma dificuldades tive de desdobrar-me também no trabalho braçal. E aí, carreguei cimento, carreguei pedras, tijolos, telhas, carreguei ferro e não senti nada, absolutamente nada, o que era impossível tempos antes, quando sentia dores agudas ao menor esforço muscular.

Então entendo porque Max Freedon Lang declarou no livro **Secret Science behind miracles:** "Muitas curas têm sido efetuadas por Espíritos desencarnados. Médicos que foram em vidas passadas, com o auxílio de médiuns diagnosticam e prescrevem. Há médiuns que curam pela imposição das mãos. As curas são, muitas vezes, extraordinárias"...

Pouco antes de ler o livro do Dr. William Nolen, eu já havia lido na revista **Seleções do Reader's Digest** uma crônica da atriz Grace Perkins Ourler sobre o que ocorrera na infância do general norte-americano Eisenhower, General-Comandante das Forças Aliadas na Europa durante a 2.ª Guerra Mundial, e mais tarde Presidente dos EEUU. Em criança Ike feriu uma perna de tal modo que deu gangrena. O médico que o atendeu não pensou duas vezes em recomendar a amputação sumária do membro afetado. Mas a cirurgia não se concretizou porque o menino a isto se opôs teimosamente! E veio a ficar radicalmente curado graças às preces que a família passou a fazer ao pé de seu leito, por recomendação expressa do avô, que era pastor evangélico!

Então, amigos, são fatos como estes neste capítulo citados que nos levam a admitir a Misericórdia Divina, agindo em nosso benefício, quando há merecimento e fé, através dos amigos invisíveis, os médicos da Espiritualidade, operando as mais abençoadas curas espirituais!...

Recentemente (1983) todo o Brasil conheceu as curas efetuadas pelo Espírito Fritz, atuando através do médico e médium espírita de Pernambuco Dr. Edson Queiroz, objeto de estudos pelo jornalista Nazareno Tourinho no livro **Edson Queiroz — o novo Arigó dos Espíritos.** Como se sabe, até o famoso cirurgião sul-africano Barnard (dos célebres transplantes de coração) foi beneficiado por Fritz/ Dr. Edson.

Um pouco antes, em fins de 1979, a Editora ECO, do Rio de Janeiro, editou um excelente livrinho de Aureliano Alves Netto, intitulado "**Extraordinárias Curas Espirituais**", em diversos lugares do Brasil e mesmo fora do nosso país. Por aqui, terras brasileiras, quem não se lembra de Arigó, até preso por exercício ilegal da medicina? Pois bem, agora (anos oitenta) em plena União Soviética curas ditas paranormais são aceitas e Djuna Davitashvili recebe apoio oficial da Academia de Ciências de Moscou, com o diploma de Doutora Honoris Causa. Bem diz o prolóquio espanhol: "A verdade padece mas não perece."

10 — SESSÕES PRÁTICAS:
PÚBLICAS OU PRIVADAS?

Antonio F. Rodrigues

"São esses os motivos que nos levam a só admitir em nossas sessões experimentais pessoas suficientemente preparadas para compreender o que se passa, pois sabemos que as outras perderiam o seu tempo ou nos fariam perder o nosso". (Palavras que estão em O LIVRO DOS MÉDIUNS, Questão 34).

Nem sempre as orientações de Kardec são observadas, por exemplo aquela que acima destacamos. Poucos são os dirigentes espíritas que exigem dos freqüentadores das sessões experimentais, um preparo teórico do Espiritismo, a fim de que eles possam compreender os fenômenos mediúnicos e a maneira como devem comportar-se em tais sessões. Chega-se ao absurdo, às vezes, de se convidar uma pessoa reconhecidamente perturbada, para as sessões de desenvolvimento mediúnico, quando o certo seria encaminhá-la às sessões de evangelização e passes, bem como indicar o seu nome para os trabalhos de desobsessão, se for o caso.

Infelizmente, ainda se dá mais importância às manifestações fenomênicas do que ao conhecimento doutrinário e no entanto são os estudos que devem ter prioridade sobre aquelas, porquanto não se pode fazer qualquer coisa sem conhecimento, conforme vemos no seguinte exemplo citado por Kardec: "Praticar o Espiritismo experimental sem estudo é querer efetuar manipulações químicas, sem saber química". Emmanuel, também observa: "São muito poucos, ainda, os núcleos espiritistas que podem entregar-se à prática mediúnica com plena consciência do serviço que tem em mãos; motivo pelo qual, é aconselhável a intensificação das reuniões de leitura". — O Consolador, pág. 371. Vemos por estas orientações o cuidado que devemos ter, mesmo em se tratando de pessoas que já disponham de algum conhecimento do Espiritismo, tendo em vista que: "É das mais delicadas a tarefa de dirigir um grupo. Exige qualidades raras, extensos conhecimentos e, sobretudo longa prática do mundo invisível". — Léon Denis. Ora, se os mestres nos alertam sobre a responsabilidade que tais trabalhos nos exigem, o que não se exigirá então em se tratando de pessoas desconhecedoras do Espiritismo?

Spartaco Banai, em seu livro "As Sessões Práticas do Espiritismo", pág. 43, vai além, nos dizendo que: "Jamais e sob pretexto algum devem ser públicas as sessões práticas do Espiritismo e, mesmo nas que se façam em particular, não deve a entrada ser permitida a pessoa alguma estranha à doutrina". Tal cuidado está baseado no bom senso, tendo em vista que: "A prática do Espiritismo, como veremos mais tarde, exige muito tato, para prevenir as astúcias dos Espíritos enganadores". — Kardec. Devemos nos lembrar que nem todos os Espíritos são moralizados, daí não ser prudente entrar em contato com elementos que nos possam prejudicar, caso não estejamos devidamente preparados para nos defender de suas ciladas, porquanto Espíritos rebeldes e fascinadores estarão à espreita de uma oportunidade a fim de nos causar problemas.

Não é também aconselhável que se levem tais pessoas a uma sessão prática de Espiritismo, com o intuito de proselitismo, porque a pessoa convidada sairá dali mais incrédula ainda, na maioria das vezes, conforme demonstra a prática, em virtude das cenas provocadas por "sofredores" ou "perturbadores", que chocam profundamente os visitantes, principalmente porque as mesmas se dão num ambiente de semi-obscuridade causando um impacto maior. E mesmo que isso não aconteça, ainda assim, Kardec nos aconselha que devemos convencer as pessoas pela razão e não pelas demonstrações fenomênicas, vide "O Livro dos Médiuns", assim como a seguinte recomendação de Emmanuel, no livro "Seara dos Médiuns", pág. 101: "O espetáculo que assombra, raramente ajuda a discernir".

Devemos nos lembrar que o Espiritismo não é somente mediunismo e sim também filosofia e religião e no seu tríplice aspecto é que devemos entendê-lo. Quem quiser fazer proselitismo empreste ou dê o livro "O Que é o Espiritismo", conforme nos recomenda Kardec. E para aqueles que se interessarem por maiores detalhes sobre a doutrina, então indique "O Livro dos Espíritos".

Outro aspecto a considerar é o do ambiente homogêneo que deve existir em tais sessões, o que não acontecerá se convidarmos pessoas estranhas ao meio, tendo em vista o próprio estado psicológico de quem adentre pela primeira vez um local desconhecido; assim como também uma platéia numerosa inibe os Espíritos comunicantes, restringindo-lhes a liberdade de exporem os seus problemas.

Há, portanto, uma série de razões para que as sessões práticas não sejam públicas; estas devem ser as de evangelização e de estudos, para as quais deveremos nos empenhar junto aos interessados, para que as freqüentem.

11 — PROCEDIMENTOS ESDRÚXULOS

Antonio F. Rodrigues

Muitos procedimentos exóticos ainda persistem nas práticas espíritas, apesar das palestras e cursos doutrinários, sem contar a obra kardecista, autoridade maior no campo mediúnico. Entre eles citemos os seguintes:

1 — Exigir a comunicação dos Espíritos, na ordem em que se encontram os médiuns em torno da mesa, seja da direita para a esquerda ou vice-versa, excluindo-se a espontaneidade que deve imperar nas comunicações; mesmo porque, nem sempre, todos os médiuns, estão em condições sintônicas com as entidades espirituais presentes, provocando desta forma os fenômenos anímicos.

2 — Exigir que os médiuns estejam com as mãos espalmadas sobre a mesa, mesmo que alguns deles fiquem em posição incômoda, em vista da pequena estatura. Uma pessoa mal acomodada, pode ser acometida de cãibras, e mesmo que isso não aconteça, a má posição pode impedi-la de melhor concentrar-se nos trabalhos em curso.

3 — A colocação alternada de homens e mulheres em torno da mesa, alegando que desta forma há maiores possibilidades fluídicas, para o serviço assistencial. Bem sabemos que a "exsudação" fluídica independe dessas condições, mas, sim, da mente voltada para o objetivo da reunião.

4 — Muitos dirigentes sentem-se frustrados, quando não há nenhuma comunicação espiritual, julgando que a reunião foi inútil, quando na realidade, ela teve outro objetivo, por exemplo, o do aproveitamento fluídico para tratamento dos presentes, sejam encarnados ou desencarnados.

5 — A pressa de alguns dirigentes em identificar o

manifestante sofredor, antes de procurar ajudá-lo amorosamente, que é o primordial, pois trata-se de um irmão carente de orientação, devido ao seu estado perturbativo, não importando que ele se chame Pedro ou João. Não dizer-lhe, de imediato, que ele não pertence mais ao mundo dos encarnados, o que lhe perturbaria ainda mais, ao invés de harmonizar-lhe a mente. Impactos dessa espécie, devem ser evitados, porque nem sempre serão suportáveis.

6 — Desnecessidade de formação de correntes de mãos dadas em torno de pacientes e qualquer outro tipo de encenação, porque inúteis e incompatíveis com a simplicidade da Doutrina Espírita, despojada que é de ritualismos e quejandos.

Outras incorreções poderíamos enumerar, dentre as que ainda se presenciam em reuniões práticas dirigidas por desconhecedores da obra kardeciana e que se julgam capacitados para presidirem trabalhos de tamanha responsabilidade, mas por ora vamos nos limitar a estes lembretes, apesar de bastante elementares.

12 — À LUZ DAS ESTRELAS

Celso Martins

Não vamos encontrar poesia modernista, quer dizer, versos sem obediência à métrica, ao ritmo ou à rima apenas em Carlos Drummond de Andrade ou em Fernando Pessoa, não!

No texto bíblico, esta coleção de livros religiosos e literários dos judeus e que chegaram até ao nosso mundo cristão, encontramos também trechos de poesia modernista. Já nem me refiro ao Sermão do Monte. Jesus usaria o aramaico e, hoje, segundo a opinião de autores britânicos, se a gente retraduzir o Sermão do Monte para o aramaico, aquela preleção de Jesus tomaria a forma de expressivo poema modernista, na reafirmação de que Jesus também era poeta!

Mas não me refiro, dizia, ao Sermão do Monte, não. Trago ao leitor apenas um salmo, exatamente o do Capítulo 12 versículo 2, onde lemos:

"Os céus manifestam a glória de Deus e o firmamento anuncia a obra das suas mãos".

Milhões de sóis rolam na amplidão do Universo sem limites...

Bilhões de astros gravitam em milhares e milhares de galáxias siderais... São corpos celestes maiores e menores, opacos e brilhantes, aqui, ali, acolá... Tudo atesta a presença eterna de Deus!

Vivemos na Terra, um dos nove planetas do Sistema Solar. Embora pese mais de 6 sextilhões de toneladas e apresente uma superfície de 510 milhões de quilômetros quadrados, nem por isso é a Terra o maior destes planetas que giram à volta do Sol. Júpiter, por exemplo, lhe é 1.300 vezes maior.

O Sol com seus planetas faz parte de um conjunto de corpos celestes denominado Via Láctea. Nesta galáxia existe uma infinidade de astros em que se misturam estrelas e nebulosas, planetas e satélites, cometas e poeira interestelar. Tudo indica que nossa galáxia tenha a forma lenticular com uma aglomeração maior de astros em sua parte central onde se destaca a Constelação do Sagitário. O diâmetro da Via Láctea equivale a aproximadamente 130 mil anos-luz. Como se sabe, ano-luz é uma antiga medida usada em Astronomia para designar a distância entre os corpos siderais. Como a luz tem uma velocidade de 300.000 quilômetros por segundo, um ano-luz corresponde à distância percorrida pela luz em um ano, espaço este igual a nove trilhões e meio de quilômetros. Assim, a luz leva 130 mil anos para percorrer a Via Láctea em sua maior extensão.

Aliás, as galáxias, constituídas fundamentalmente de estrelas, são os elementos básicos da massa do Universo. Há assim agrupamentos galáticos chamados abertos contendo de 100 até 10.000 estrelas. Há os agrupamentos considerados globulares ou fechados, com forma esférica, encerrando de 10.000 a 1 milhão de estrelas. E há ainda galáxias maiores com um número superior a 1 bilhão e até de 1 trilhão de estrelas.

Por outro lado, sabe-se hoje em dia existirem pelo Universo observável pelo menos 10 bilhões de galáxias. Por aí se vê como é infinito o número de estrelas que são outros tantos sóis em torno dos quais gravitam outros planetas e outras luas na imensidão do espaço sideral.

O Sol, sem dúvida alguma, é a estrela que mais nos interessa. Distante de nós cerca de 150 milhões de quilômetros (distância esta que a sua luz atravessa em 8 minutos e 20 segundos), é ele responsável por muitos fenômenos que ocorrem entre nós, tais como a origem e a evolução da vida, a formação das nuvens a partir da evaporação das águas principalmente do mar, os movimentos atmosféricos, as condições de tempo, a manutenção da vida orgânica através da fotossíntese etc... etc... E embora tenha um diâmetro mais de 100 vezes maior do que o da Terra, nem por isso é ele um astro que se destaque no Universo. Há estrelas mais brilhantes cuja luz tem uma intensidade 1 milhão de vezes maior do que a luminosidade solar. Há estrelas maiores cuja massa tem um valor 60 vezes maior do que a matéria do Sol. As gigantes vermelhas são estrelas cuja luminosidade pode ser superior a 1.000 vezes a do Sol; o raio de sua circunferência pode ser várias centenas de vezes o raio solar.

Muitos astrônomos da atualidade acreditam que o Universo esteja em movimento constante, que teria a sua origem em um núcleo inicial, a partir do qual está se expandindo. Esta teoria da expansão implica o afastamento progressivo de cada galáxia em relação a todas as demais. Ora, havendo no espaço sideral, como já se leu, cerca de 10 bilhões de galáxias, estando cada uma afastando-se das restantes — por aí se imagina que dimensões infinitas não teria o Universo...

Há estrelas cuja luz leva até 200.000 anos para chegar até nós!...

Ora, desde Kardec na segunda metade do século passado que o Espiritismo defende a tese da pluralidade dos mundos habitados. No EVANGELHO SEGUNDO O ESPIRITISMO, lemos no Capítulo III estas explicações: "A Casa do Pai é o Universo. As diferentes moradas são os mundos que circulam no espaço infinito, oferecendo aos Espíritos estações apropriadas ao seu adiantamento. (...) ... os diversos mundos possuem condições muito diferentes uns dos outros, quanto ao adiantamento ou de inferioridade de seus habitantes. Dentre eles, há os que são ainda inferiores à Terra, física e moralmente. Outros são do mesmo grau, e outros lhe são mais ou menos superiores, em todos os sentidos. Nos mundos inferiores a existência é toda material, as paixões reinam soberanas, a vida moral quase não existe. (...) Nos mundos intermediários, o bem e o mal se misturam, e um predomina sobre o outro, segundo o adiantamento em que se encontram. (...) A Terra pertence à categoria dos mundos de expiações e de provas, e é por isso que nela o homem está exposto a tantas misérias. (...) O progresso é uma das leis da Natureza. Todos os seres da Criação, animados e inanimados, estão submetidos a ela, pela bondade de Deus, que deseja que tudo se engrandeça e prospere. (...) Quem pudesse seguir um mundo em suas diversas fases, desde o instante em que se aglomeraram os primeiros átomos da sua constituição, o veria percorrer uma escala incessantemente progressiva, mas em graus insensíveis para cada geração, e oferecer aos seus habitantes uma morada mais agradável, à medida que eles também avançam na senda do progresso. (...) A Terra, seguindo essa lei, esteve material e moralmente num estado inferior ao de hoje, e atingirá, sob esses dois aspectos, um grau mais avançado".

Foi, no entanto, Camile Flammarion, astrônomo do Observatório de Paris, considerado "o poeta das estrelas", quem se dedicou a este assunto de Codificação, tendo lançado livros a respeito como A PLURALIDADE DOS MUNDOS HABITADOS, NARRAÇÕES DO INFINITO, DEUS NA NATUREZA, URÂNIA, SONHOS ESTELARES e outros. Deus não teria arquitetado o Universo, construído milhões e milhões de astros, apenas para recrear nossos olhos com a contemplação das estrelas... Não é possível admitir a existência de vida e a presença de seres inteligentes apenas num dos menores astros do Universo. Atualmente os astrônomos vão admitindo esta verdade tão elementar já anunciada pelo Espiritismo há mais de 100 anos. Em sua obra BIOGRAFIA DA TERRA, George Gamow teve estas palavras: "Se, como parece agora, cada estrela possui um sistema planetário, deve haver, só em nossa galáxia, milhões de planetas onde as condições físicas sejam quase idênticas às da Terra. E seria pelo menos estranho (palavras textuais de Gamow) que a vida — mesmo em formas inferiores — não se tivesse desenvolvido nesses mundos habitáveis".

Por seu turno, Louis Pawels e Jacques Bergier na revista PLANETA n.º 1, Ano 1, relativa a setembro de 1972, anotaram estas observações que se encaixam em nossos postulados doutrinários: "Desde 1938 que a teoria de Holmberg tinha localizado 60 planetas em volta das estrelas, além do Sol. Mac Gowan chegou à conclusão de que 67% das estrelas de nossa galáxia são dotadas de planetas; ora, 67% significam 130 bilhões, um número colossal, praticamente infinito à nossa escala — mais de uma centena de bilhões. Se assim é, esta **nossa galáxia está repleta de vida.**" O grifo é nosso.

Estes dois autores franceses citados (Pawels e Bergier) em interessante livro fazem exposição de um raciocínio que gostaríamos de lembrar aqui. Dizem eles que a Terra tem mais de — 4,5 bilhões de anos — desde a sua formação. E que a vida teve início há mais ou menos — 2,5 bilhões de anos atrás, tendo começado com formas rudimentares, microscópicas, no seio dos mares, desenvolvendo-se de modo a alcançar as formas que conhecemos na atualidade. Tal evolução orgânica se deu, pois, em apenas 2 bilhões de anos. Ora, pelo Universo há astros que têm idade superior a 28 bilhões de anos. Caso a vida tenha surgido por lá também quando eles tinham uma idade de 2,5 bilhões de anos e tenha desenvolvido e evoluído no mesmo ritmo como se processou aqui — claro que a vida então estaria lá muitíssimo mais adiante do que a nossa aqui na Terra.

O assunto tem sido objeto de intensos estudos ultimamente pela Astronomia, auxiliada pela Astrofísica, pela Astroquímica, pela Espectroscopia, pela Cosmologia e pela Biologia espacial. E os dados que estas ciências vão aos poucos recolhendo com suas pesquisas atestam a atualidade dos ensinos espiritistas.

Ora, não se entende um ser vivo que não tenha fundamentalmente em sua composição orgânica a água e as proteínas. São de proteínas, por exemplo, o nosso sangue e os nossos músculos, a nossa pele e os nossos hormônios, as nossas vísceras e os nossos cromossomos, enfim, elas tomam parte em todas as estruturas vitais do organismo animal e também vegetal.

Na construção de uma molécula de proteína entram "tijolos" fundamentais chamados ácidos aminados. Há cerca de 25 ácidos aminados; eles se reúnem para formar um enorme número de proteínas. Dentro de uma célula, por exemplo, podem-se encontrar até 100.000 proteínas diferentes. Notar ainda que cada indivíduo tem as suas próprias proteínas.

Assim como as 23 letras do nosso alfabeto se reúnem para formar as sílabas e as palavras de nosso vocabulário, também os aminoácidos se associam para constituir proteínas. E dentre estes ácidos podemos citar a glicina, a alanina, a valina, o ácido glutâmico, a serina, a leucina, o ácido aspártico etc... Ora, estudos recentes têm observado nas estrelas substâncias que contêm carbono, como acontece com os ácidos aminados. E mais — estudando os meteoritos (que são rochas que caem sobre a Terra, provenientes de outros astros), a ciência tem encontrado moléculas orgânicas semelhantes às terrestres. Assim é que, examinando o meteorito caído perto de Vitória (Austrália), a 28 de setembro de 1969, foram encontrados inclusive cinco dos mais conhecidos ácidos aminados, numa prova de que este meteorito tenha provindo de algum astro onde haja, pelo menos, substâncias orgânicas. No meio interestelar existe, segundo os dados dos astrônomos da atualidade, uma fração relativamente alta de compostos que entram, aqui entre nós, na estruturação dos seres orgânicos, o que nos leva a admitir a alta probabilidade científica da vida fora da Terra, como ensina desde 1857 a Doutrina do LIVRO DOS ESPÍRITOS.

Diante da grandeza universal, temos de admitir a existência de Deus como o define o Espiritismo — inteligência suprema, causa de todas as coisas... O acaso não poderia criar nem manter toda esta harmonia celeste... A Natureza é uma das mais eloqüentes provas da existência divina... Como dizia Voltaire, se Deus não existisse — seria preciso então inventá-lo para explicar tudo o que existe.

Aliás, diversos cientistas da atualidade já manifestaram sua convicção acerca da existência de Deus. Albert Winchester, biologista, afirmou que "uma crença mais profunda e mais firme em Deus é às vezes o único resultado de uma melhor percepção da verdade". Lise Mietner, cientista nuclear, declarou que só mesmo um poder mais alto do que o homem pode controlar as forças da energia atômica. O físico George Davis afirmou que se um Universo pudesse criar-se a si mesmo, encarnaria os poderes de um criador, e seríamos forçados a concluir que o Universo seria um Deus.

Não basta, no entanto, entender Deus com as luzes do intelecto... Importa ainda amá-lo com todas as forças no nosso coração. E a melhor maneira de fazê-lo é amar o semelhante tanto quanto Jesus, nosso Irmão mais velho nos amou...

13 — COMO ENCARAR A MORTE

Antonio F. Rodrigues

Segundo nos descrevem as mensagens espirituais, o desencarne nos mundos superiores é encarado de forma bastante natural, como se tratasse de uma mudança de cidade, certos de que não há uma separação definitiva, mas temporária, entre os que partem e os que ficam.

Este seria o nosso procedimento, porquanto admitimos a existência da vida futura; no entanto agimos contrariamente aos ensinamentos que pregamos, quando algum familiar nos deixa para ingressar na vida espiritual. Isto ocorre, inclusive no nosso relacionamento social, quando transmitimos aos parentes do desencarnado, as nossas condolências.

Desta forma confirmamos quão difícil é vencer as velhas tradições religiosas, que ainda se encontram arraigadas em nossas mentes, quais clichês de tinta indelével.

Mesmo quando o desencarnado é bastante idoso, doente e até inválido, pretendemos conservá-lo retido junto a nós, indefinidamente, num egoísmo desmedido. Onde está o amor que alardeamos, se queremos reter o Espírito preso ao corpo que o faz sofrer? Saibamos compreender as leis naturais que reivindicam aquele corpo, respeitando a vontade do criador de tais leis.

Já é tempo de modificarmos o nosso proceder diante do fenômeno denominado "morte", encarando-o normalmente, sem lamentações ou crises emocionais, que somente prejudicam o recém-desencarnado.

O corpo que se deixa é como uma roupa imprestável, da qual apenas nos lembramos com saudade, pela utilidade que nos proporcionou. Lembremo-nos que ele é material e por conseguinte, teremos que abandoná-lo um dia, quando se desgastar.

Não é necessário, em vista disso, que idolatremos o corpo, porquanto o objetivo de nosso amor, deve ser a entidade que o animava.

Fala-nos André Luiz, que quanto menos pessoas estiverem num velório, melhor será e que o ideal seria que o corpo ficasse num quarto, sozinho, porque a ausência de mentes em conflitos emocionais, facilita o trabalho dos cirurgiões espirituais na tarefa do desligamento do corpo material do perispiritual.

Irmão X acrescenta que, o pior dia para o sepultamento do corpo é o dia de finados, devido a multidão, tanto de encarnados, como desencarnados, que visitam a Necrópole. A algaravia daí advinda, ressoa de forma desagradável naquele que ainda não se encontra totalmente desvinculado do corpo carnal.

Diante de tantas orientações daqueles que já deixaram este plano de vida, deveríamos pô-las em prática, modificando o nosso procedimento diante do final da vestimenta somática de alguém que partilhava de nossa intimidade doméstica, seja qual for o grau de parentesco que nos prenda ao mesmo, porquanto todos nós, sem exceção, teremos um dia que encarar a morte.

A propósito, aconselhamos a leitura do livro **Velório** (vários autores), lançado pelo **Instituto Maria** — Rua São Mateus, 1.001 — Juiz de Fora (MG) — 36.100.

14 — MORTES PREMATURAS

Antonio F. Rodrigues

"Há crianças nati-mortas, que não foram designadas para a encarnação de um Espírito?

— Sim. Algumas há para quem jamais foi destinado um Espírito." O Livro dos Espíritos — perg. 356.

Li algures, que Paracelso (Theophrastus Bombast von Hohenheim — Einsiedeln, Suíça, 1493 — Salzburg, 1541), médico, filósofo hermético e alquimista, precursor da medicina química e que estabeleceu as bases da homeopatia, teria criado um bebê de proveta, um homúnculo, cuja duração de vida foi bastante curta e apenas vegetativa.

Quando lemos tal artigo em uma revista ocultista, achamos que era obra de um fantasista; mas, hoje, ao analisarmos sem preconceitos tal afirmativa, comparando-a com a pergunta em foco, concluímos que esse fato está no campo das possibilidades.

É evidente que tais criações não tenham vida duradoura, porque não possuem uma alma para comandar tal corpo, pois se trata de uma cousa e não de uma pessoa.

Na citada questão 356, há uma pergunta complementar: "Um ser desta natureza pode vir a termo? — Sim, por vezes. Mas então não viverá."

Há, entretanto, casos de nati-mortos, para os quais houve a indicação de um Espírito, mas devido a imperfeição da matéria, resulta numa frustração, não para o reencarnante, que poderá escolher outro corpo, mas para os pais. Nestes casos o Espírito não tem consciência do acontecimento, em virtude da natural perturbação, que ocorre por ocasião do reencarne, daí não advir qualquer problema para si e sim para os pais, pois se trata, muitas vezes, de uma prova para os mesmos, segundo o que nos ensina a obra básica.

Bem sabemos que tudo que ocorre tem um fim providencial, que nem sempre podemos compreender, mas que encerra uma necessidade, seja para um dos protagonistas ou para o grupo. O importante é que encaremos todos os acontecimentos como lições necessárias para o nosso aprendizado.

André Luiz nos conta o caso de uma criança desencarnada por afogamento, que sofria de sérios problemas da garganta, cujos sofrimentos eram uma continuação dos que tinha como desencarnado, resultante do suicídio que cometera, ao ingerir ácidos corrosivos em existência anterior. A curta reencarnação que finara no afogamento servira como uma espécie de mata-borrão, limpando o perispírito. Estas e outras formas de pequenas permanências reencarnatórias, não são inúteis e sim maneiras de nos harmonizarmos com a Lei.

No Evangelho segundo o Espiritismo, cap. V, n.º 21, há uma extensa mensagem de Sanson, que nos apresenta belíssimas e confortadoras palavras sobre as mortes prematuras, na qual encontramos as explicações para o mecanismo da Justiça Divina, quando age dessa forma, incompreensível para nós, insipientes criaturas que ainda somos, mas perfeitamente naturais à luz da Doutrina Espírita.

15 — DOUTRINA DE PAZ E DE LUZ

Celso Martins

Dizia Victor Hugo, eminente romancista e poeta francês, ser muito triste a gente ver um corpo morrer de fome, mas ser muito mais triste ainda ver um Espírito também morrer de fome.

Evidentemente que o gênio francês usou de linguagem figurada: Nenhum Espírito morre, no sentido comum da palavra morrer, sinônimo de perecer, desaparecer, extinguir-se, num doloroso **nec plus ultra** (nada mais além)... O inesquecível autor de "Os Miseráveis" estava referindo-se à situação de penúria em que vivem muitas criaturas que se vêem mergulhadas (do ponto de vista espiritual) nas trevas geladas da descrença, considerando-se órfãs, perdidas no Espaço, sem a proteção de um Pai Celestial, misericordioso e bom. Figuradamente creio ser esta aí a morte do Espírito, entregue ao materialismo mais dissolvente, ao hedonismo mais absorvente, só levando em conta a vida material, só pensando em gozar à tripa forra os prazeres de Cápua de uma existência terrena em detrimento dos valores e das leis morais que regem a vida!

Uma situação desta deve ser bem dolorosa porque a criatura não tem os horizontes mais largos, não vislumbra um amanhã de progresso e de redenção, são muito acanhados os seus conhecimentos relativos às finalidades verdadeiras da presente encarnação corpórea, restringindo-se à sensaboria da vida terráquea como se ela fosse tudo. Quem se encontra em tal situação deve sofrer muito e vê-lo sofrer é algo constrangedor.

Em abono do que estou escrevendo, gostaria então de apresentar algumas frases do célebre pensador existencialista Jean Paul Sartre, o corifeu do pensamento filosófico do pós-guerra de 45. No seu livro "As Palavras" vamos encontrar desabafo doloroso como este:

"A ilusão retrospectiva está em frangalhos; martírio, salvação, imortalidade, tudo desaba, o edifício cai em ruínas; capturei o Espírito Santo nos subterrâneos e expulsei-o; o ateísmo é uma experiência cruel e de longo curso: acho que a levei até o fim. Vejo claramente, estou desencantado, conheço meus valores reais, mereço certamente um prêmio de civismo; há cerca de dez anos sou um homem que desperta, curado de uma longa e amarga, doce loucura, que não cessa de surpreender-se e que não pode lembrar sem rir os seus antigos erros e que não sabe mais o que fazer da vida".

Vê-se por aí que todo o patrimônio filosófico, toda a semeadura de pensamentos modernos, todo o aparato de existencialismo de após 2.ª Guerra Mundial não conseguiram dar a Sartre novos horizontes, oferecer-lhe tranqüilidade de Espírito, a sensação de uma vida bem vivida! Agora a gente entende por que é que em outra obra sua **(O Ser e o Nada)** haja ele proferido ser a vida uma paixão inútil... Salvo melhor interpretação, quem já não sabe o que fazer da vida, depois que já se alcançou uma certa idade, creio que então teve mesmo uma vida vazia, inútil, noves fora zero... E isto é doloroso... é trazer a morte na alma, no dizer de Victor Hugo, ausência de esperança, falta de perspectivas melhores, mais amplas, de progresso e evolução no infinito do Amor de Deus.

E já que estou lembrando Jean Paul Sartre, vale a pena recordar aqui também sua companheira Simone de Beauvoir em seu livro "A Força das Coisas", onde apresenta dolorido desabafo diante da morte:

"... detesto pensar no meu aniquilamento. Penso com melancolia nos livros lidos, nos lugares visitados, no saber acumulado e que não mais existirá. Toda a música, toda a pintura, tantos lugares percorridos — e de repente mais nada!"

Pois bem, voltando a nossa atenção para a frase hugoana, então a gente percebe que pão delicioso, que pão nutritivo, que pão providencial é o conhecimento espírita! Pão do Espírito que alimenta para a vida eterna! Pão que nos mostra claramente qual é a finalidade da existência terrena, qual é a nossa destinação após o decesso do corpo somático, qual é a destinação do Espírito imortal na esteira das vidas sucessivas em termos de progresso, de evolução incessante, de crescimento assindótico rumo ao infinito no seio do Amor de Deus...

Espiritismo, doutrina de paz e de luz, que acalma nossas dores e ilumina nossas dúvidas; alimenta o coração e fortalece o Espírito; falando-nos de Jesus e das suas prédicas sublimes; falando-nos de Deus e de suas leis eternas; falando-nos do paciente trabalho a ser encetado por cada um de nós em termos da construção do nosso céu interior e da edificação da nossa íntima alegria de viver!

Espiritismo! É o bálsamo para as nossas lágrimas... É a resposta para as nossas perguntas... É a solução para os nossos problemas... É bússola, é roteiro, é oásis... É a explicação clara e simples do magno enigma sobre o ser, a dor, a morte, o destino.

Num esforço de síntese apresento aos leitores a seguir os postulados desta doutrina que me deu a paz e me concedeu a luz a fim de viver tranqüilo, confiante no Amor, na Bondade e na Justiça do Pai que está no céu da minha consciência em sintonia com a providência misericordiosa do Criador. Ei-los:

Deus é eterno, imutável, imaterial, único, todo-poderoso, soberanamente justo e bom; dirige o Universo diretamente através de suas leis físicas e morais e indiretamente mediante o concurso de Espíritos que lhe interpretam a vontade; a todos ama, a todos provê, a todos fornece suas bênçãos misericordiosas e justas...

O Universo compreende todos os seres orgânicos e minerais, materiais e espirituais que existem. Os seres materiais constituem o mundo corporal e os seres espirituais, o mundo dos Espíritos. Este último é o mundo normal, primitivo, eterno, preexistente e sobrevivente a tudo; já o mundo corporal é secundário. Poderia deixar de existir e mesmo nunca ter existido sem que, com isso, deixasse de existir também o mundo espiritual...

Os Espíritos revestem temporariamente um invólucro material, perecível, um corpo carnal, um organismo somático. A sua destruição pelo fenômeno da morte, que o desintegra em seus elementos e substâncias constituintes, devolve os Espíritos à liberdade do mundo espiritual.

Por outro lado, o Espírito não é uma entidade abstrata que só possa ser concebida em pensamento. Não. Ele é uma entidade real, concreta, definida e pode, em certas circunstâncias, apresentar-se aos nossos sentidos corporais como a visão, a audição e o tato...

Sendo um Espírito encarnado, o homem tem dupla natureza: pelo corpo participa dos animais, dos quais possui ainda muitos instintos... Mas pelo espírito participa da natureza do plano espiritual sendo dotado de razão e de inteligência, de sentimentos e de pendores...

Os Espíritos se distribuem em diversas classes. Eles não são iguais nem em moralidade nem em sabedoria. Há aqueles que constituem a categoria dos Espíritos superiores distinguindo-se pela elevação moral e por seus conhecimentos, aproximando-se de Deus pela pureza de seus sentimentos. E há os que são Espíritos inferiores, dominados pelas paixões grosseiras, inclinados às más ações, aos maus sentimentos como o orgulho, a vaidade, o egoísmo, a inveja, o ódio, a prática do Mal. Entre uma categoria e outra existem outras classes formadas de Espíritos intermediários que não são nem inteiramente purificados nem totalmente maus... Os Espíritos não se situam eternamente numa mesma situação... Todos eles melhoram seus sentimentos, aumentam seus conhecimentos, obedecem à lei do progresso moral, alcançando assim os diversos degraus evolutivos que existem. Tal melhoria se verifica tanto no plano espiritual como nas encarnações a que se submetem. Estas encarnações e reencarnações se dão tanto na Terra como em outros mundos dentre os milhões que existem por todo o Universo sideral. Assim, a vida corporal em um mundo material constitui uma espécie de prova a que devem submeter-se os Espíritos para expiar débitos passados, bem como depurar-se cada vez mais tendo em vista atingir a Perfeição em todos os sentidos...

As diferentes existências corporais de um Espírito sempre são progressivas; jamais retrógadas... O Espírito pode estacionar, mas nunca retroceder. Assim sendo, a rapidez do progresso depende unicamente dos esforços que faz para alcançar posições melhores do ponto de vista moral e espiritual...

As relações que se estabelecem entre os chamados mortos e os vivos são os fatos chamados mediúnicos;

eles nada têm de maravilhoso nem tampouco de sobrenaturais. Ao contrário, enquadram-se perfeitamente na harmonia da Natureza obedecendo a leis naturais e morais. Às vezes espontâneos, outras vezes provocados, eles acontecem em qualquer meio, independentemente do fator religioso ou moral, social ou cultural, como atesta a História da Humanidade...

O Espiritismo não proibe coisa alguma a quem quer que seja. De igual modo, não ataca a religião de ninguém. Apenas esclarece o homem contra os sofismas, as crendices, as superstições, os enganos de toda ordem. O Espiritismo recomenda o estudo criterioso de seus fundamentos, o exame atencioso de seus fenômenos psíquicos, a análise desapaixonada de suas conclusões... Os Espíritos superiores não nos impõem coisa alguma. Tão-só pedem que raciocinemos, investiguemos, estudemos a fundo todos os fatos e as teorias que nos apresentem aproveitando o que seja verdadeiro, nobre e bom...

A Humanidade só será mais feliz quando pautar os seus atos pelos evangelhos de Jesus cuja vida foi o modelo das virtudes, da moralidade e do amor sem fronteiras. O homem só será mais feliz quando, conforme a máxima do Mestre e Amigo, amar a Deus sobre todas as coisas e ao próximo como ele mesmo nos amou...

Em suma, cada um de nós é que constrói o seu próprio destino. Cada um de nós recebe da vida de conformidade com aquilo que dá à própria vida. Cada um colhe o que plantou em palavras, em ações e até mesmo em pensamentos... Só é feliz quem faz o Bem... Quem pratica o Mal deve reparar o erro praticado... FORA DA CARIDADE NÃO HÁ SALVAÇÃO...

E Caridade aqui no sentido mais amplo da palavra, não se confundindo com esmola ou se reduzindo ao auxílio material, não! Caridade como sinônimo de Amor. Caridade que é, conforme o ensino de "O Livro dos Espíritos", em o n.° 886, benevolência para com todos, indulgência para com as imperfeições alheias, perdão das ofensas.

16 — AS EXPIAÇÕES COLETIVAS

Antonio F. Rodrigues

"O que é incompreensível, inconciliável com a justiça de Deus sem a preexistência da alma, se torna claro e lógico pelo conhecimento da Lei." — CLELIE DUPLANTIER.

Quem desconhece o Espiritismo, não encontra explicações lógicas para as tragédias coletivas. Como entender os flagelos que atingem crianças e adultos, bons e maus, ricos e pobres? Será que Deus não faz distinção entre culpado e inocente?

Ao vermos as crianças famintas lutando desesperadamente por um pedaço de pão após as inundações, na sofrida Índia, não teríamos resposta para quem nos fizesse tal pergunta, senão tivéssemos conhecimento da Lei de Causa e Efeito, que nos esclarece que o inocente de hoje foi o verdugo de ontem.

Kardec comentando uma mensagem do Espírito Clelie Duplantier, inserida no livro "Obras Póstumas", com o título que usamos para este artigo, aborda sob todos os aspectos, tão inexplicável acontecimento, para os leigos, mas tão compreensível para aqueles que acreditam na reencarnação, bem como nas expiações que tenhamos que passar, segundo o nosso proceder. Os vândalos que incendiaram indefesos povoados, reagrupar-se-ão novamente, para serem vítimas de incêndios, como foi o caso do Edifício Joelma, de triste memória; os que participam de poderosos grupos de exploradores do povo, reunir-se-ão no futuro, em local açoitado pela inclemência de uma inundação. A calamidade que atingiu a Nigéria, há alguns anos atrás, com a sanguinolenta revolução que matou milhares de pessoas, assim como outras tantas revoluções, nada mais são, tais vítimas, do que componentes de exércitos que em outras épocas destruíram cidades, massacrando populações e cometendo os maiores desatinos. Quem com ferro fere, com ferro será ferido, disse o Cristo.

Os naufrágios, terremotos e tantos outros meios que vitimam milhões de pessoas, representam a mão da justiça alcançando aqueles que se julgavam inatingíveis pelas leis dos homens, mas que esqueceram-se de que a Justiça Divina não falha e nem se engana.

Muitos perguntarão: — Mas se assim for, criar-se-á um círculo vicioso, porque o criminoso de hoje será a vítima do futuro e vice-versa? E a resposta é, que tais acontecimentos terão um fim, quando o homem modificar-se, deixando de praticar o mal e dedicar-se ao bem. Quando isto acontecer, cessará o mecanismo corretivo. Quando não houver criminosos, deixarão de existir penitenciárias.

Duplantier focaliza o homem como indivíduo, como membro de uma família e como elemento de uma sociedade. E em suas diferentes posições, poderá atuar corretamente numa e errar noutra. Assim é que um chefe de família poderá ser um exemplar pai e esposo e um péssimo patrão ou mandatário. E na condição de chefe ou responsável por uma coletividade, poderá oprimir e escravizar uma população, vindo a sofrer as conseqüências de sua semeadura, segundo o grau de culpabilidade que tenha, na sua ânsia de enriquecimento ou de exorbitamento de poder. Nas leis dos homens existem atenuantes e agravantes a serem consideradas pelos juízes, assim também acontece nas aplicações das Leis Divinas; nestas aliás, com muito maior objetividade, porquanto no plano espiritual cada infrator registrará em seu corpo perispiritual tudo aquilo que fizer, facilitando a tarefa dos planejadores de reencarnações expiatórias.

De acordo com esta visão das tragédias coletivas, nós sofremos pelo drama em si, mas ao mesmo tempo nos alegramos porque estamos efetuando o resgate dos crimes do passado. Mais feliz é aquele que paga do que aquele que se endivida; enquanto aquele está se libertando para uma vida melhor, o outro está se algemando a compromissos de reparações dolorosas. A semeadura é livre, mas a colheita é obrigatória.

Em nome do Amor verdadeiro — amparemos quantos atravessem as expiações coletivas, de vez que não sabemos onde e quando nossos pés tropeçarão.

17 — O PAPEL DOS MÉDIUNS NAS COMUNICAÇÕES

Antonio F. Rodrigues

"Para traduzir as suas idéias numa linguagem articulada, transmissível, ele utiliza as palavras do vocabulário do médium." — O Livro dos Médiuns — Questão 223.15.

Há no 19.° capítulo do Livro dos Médiuns, uma importantíssima mensagem de Erasto e Timóteo a respeito do papel dos médiuns nas comunicações, esclarecendo-nos, satisfatoriamente, tão complexo fenômeno mediúnico, que é o das comunicações.

Analisando tal mensagem ficamos compreendendo como se processa o intercâmbio entre os dois planos, bem como quais são os obstáculos que os Espíritos enfrentam e porque as mensagens sofrem alterações quanto à forma e estilo, embora nem sempre se alterem quanto à essência.

A comunicação se dá de perispírito para perispírito, numa irradiação do pensamento do comunicante que é interpretado pelo médium, segundo os seus recursos intelectuais. "É por isso que apesar de diversos Espíritos se comunicarem através do médium, os ditados por ele recebidos trazem sempre o cunho pessoal do médium, quanto à forma e o estilo". Este é o motivo pelo qual os Espíritos têm preferência pelos médiuns mais instruídos, porquanto eles possuem mais facilidades para interpretar as imagens mentais recebidas. Quando o intermediário não possui tais recursos, seja desta reencarnação ou de reencarnações anteriores, o Espírito tem necessidade de ditar palavra por palavra e até mesmo letra por letra, como se faz nos trabalhos de tiptologia. Tratando-se de conhecimentos adquiridos em reencarnações anteriores, eles não estão registrados no cérebro carnal, mas sim no corpo perispiritual e o médium no estado de transe, emancipando-se, pode lançar mão dos mesmos, porque toda conquista jamais se perde e dela dispomos nos momentos em que estamos livres dos grilhões carnais.

Quando o comunicante entra em contato com o médium, atua da seguinte forma: "Quando queremos ditar mensagens espontâneas agimos sobre o cérebro, nos arquivos do médium e juntamos o nosso material com os elementos que ele nos fornece. E tudo isso sem que ele o perceba".

A participação do médium é tão importante que se ele não endossar os conceitos emitidos pelo Espírito, alterará o conteúdo da mensagem, mesmo no caso dos médiuns mecânicos. Questão 223, ítens 7, 8 e 9. Isto ocorre, inclusive, nos casos de pneumatografia, pois em todos os casos o médium é sempre um intérprete. Questão 223, item 9a. Esta assertiva dos Espíritos é confirmada por Ernesto Bozzano, em seu livro "Remontando às Origens", pág. 29, quando diz: "Observam, finalmente, que o magnetismo dos médiuns limita e deforma os pensamentos transmitidos pelos Espíritos, mesmo no caso da "escrita direta". Conforme vimos por essas afirmativas, os próprios fluidos são uma extensão do médium, interferindo no teor da mensagem transmitida pela pneumatografia.

No livro "Nos Domínios da Mediunidade", pág. 17, André Luiz cita a orientação dada pelo Instrutor Albério, quando em sua preleção ele diz: "... em qualquer posição mediúnica, a inteligência receptiva está sujeita às possibilidades e à coloração dos pensamentos em que vive, e a inteligência emissora jaz submetida aos limites e às interpretações dos pensamentos que é capaz de produzir". Na pág. 109 do mesmo livro, tornando ao assunto diz: "Mediunidade é sintonia e filtragem". Aliás, esse livro e Mecanismos da Mediunidade, são indispensáveis aos estudiosos dessa matéria. São dois tratados de excepcional expressão, que abordam a mediunidade sob o ponto de vista do plano espiritual, portanto, sob outro ângulo.

Para concluirmos estes apontamentos, vamos recordar o exemplo dado na citada dissertação de Erasto e Timóteo, porque ilustra bem o problema da interpretação, quando eles dizem que: "É precisamente como quando olharmos diversos lugares através de binóculos coloridos, de lentes brancas, verdes ou azuis, e embora os lugares e objetivos vistos pertençam ao mesmo trecho mas tenham aspectos inteiramente diferentes, aparecem sempre com a coloração dada pelas lentes".

Cremos que este exemplo elucida satisfatoriamente dúvidas que possamos ter a respeito da interferência do médium nas comunicações, não obstante focalizar tão somente os médiuns psicógrafos; entretanto, o exemplo é extensivo aos demais tipos de mediunidade, conforme se depreende de todo o capítulo em estudo, que por sinal ocupa 15 páginas do Livro dos Médiuns. Estudêmo-lo.

18 — MEDIUNIDADE E ESPIRITISMO

Celso Martins

Muita gente pensa serem mediunismo e Espiritismo a mesma coisa. Assim, bastaria estar sendo exercido o mediunismo em um dado ambiente para ali, forçosamente, estar ocorrendo — só por isso — uma sessão espírita. Na realidade, nem sempre é isto o que se dá. Muitos recintos existem onde o mediunismo é praticado e ali, a rigor, não se pratica Espiritismo. Ali só há o fenômeno. Já Espiritismo é, além do fenômeno, a doutrina. É o fato e as aplicações superiores do fato para reconforto e orientação de encarnados e desencarnados. É o fato e as suas profundas conseqüências morais na vida do homem sobre a Terra e do Espírito depois da morte.

Aliás, o fato mediúnico é tão antigo como o mundo. Assim, não foi Kardec quem criou ou inventou os Espíritos. Não e não; ele apenas codificou o Espiritismo extraindo dos fatos mediúnicos todas as lições que eles nos poderiam dar para a melhor compreensão do porquê da vida, a razão do sofrimento humano, a explicação do mistério da morte e a soberana mecânica das leis de Deus regendo os destinos das criaturas e dos povos e das Humanidades.

Façamos ligeiro retrospecto do assunto na longa História da Humanidade.

A Índia foi o berço de todas as grandes civilizações. Basta que se recorde que muito antes de Leucipo e Demócrito, filósofos do século IV a.C., postularem a teoria atômica, já entre os hindus aparecera o pensador Kannada que pregava a existência de partículas mínimas chamadas átomos na estrutura das substâncias e dos corpos em geral. Pois bem, à sombra do Himalaia e às margens do Rio Ganges, na Índia milenar, vamos encontrar antigas referências aos fatos mediúnicos. Nos Vedas, que parecem remontar a 14 séculos antes de Cristo, existem anotações sobre as comunicações entre mortos e vivos. E isso é mediunismo.

Mais tarde, quando na Índia passa a dominar o Bramanismo, vamos encontrar Krishna em seu poema Baghavad Ghita (A Sublime Canção da Imortalidade) declarando estas palavras: "O corpo, envoltório da alma, a qual aí faz sua morada, é coisa finita; porém, a alma que o habita é invisível, imponderável e eterna. O destino da alma depois da morte constitui o mistério dos renascimentos. Quando o corpo entra em dissolução, se a pureza é o que domina a alma, ela voa para as regiões desses seres puros que têm o conhecimento do Altíssimo. Mas se é dominada pela paixão, a alma vem novamente habitar entre aqueles que estão presos às coisas da Terra. E muito antes de se despojarem de seu envoltório mortal, as almas que só praticaram o Bem e estudaram a Lei, adquirem a faculdade de conversar com as almas que as precederam na vida espiritual."

Cerca de 600 anos antes de Cristo surge no cenário da velha Índia a figura do Sáquia Múni, o Príncipe Gautama, e com ele aparece o Budismo. Pois bem, na obra L'AME ET SES MANIFESTATIONS A TRAVERS L'HISTOIRE (A Alma e suas Manifestações através da História), Eugênio Bonnemere afirma que tanto Buda como seus discípulos praticavam o êxtase, durante o qual chegavam a se desprender pondo-se em contato com aqueles que já haviam partido da Terra rumo à pátria espiritual.

Por sua vez, no livro HISTOIRE DE LA DIVINATION DANS L'ANTIQUITÉ (História da Adivinhação durante a Antigüidade) Bouché-Leclerq demonstra como se enquadram dentro da fenomenologia mediúnica os fatos de clarividência ocorridos nos oráculos dos templos gregos onde oficiavam as sibilas e as pitonisas profetizando o porvir. Heródoto, considerado Pai da História, esclarece ter existido em Delfos bom número de pessoas dotadas de tais faculdades a ponto de vaticinarem os eventos da famosa batalha de Salamina. Creso, político influente na época, mandou emissários ao oráculo de Delfos e ficou maravilhado com as respostas que assim obteve... Séculos mais tarde o próprio Presidente dos Estados Unidos da América, Abraham Lincoln, realizaria em plena Casa Branca sessões mediúnicas obtendo também detalhes sobre a terrível Guerra de Secessão... Neste mesmo oráculo de Delfos compareceram mais tarde legisladores como Sólon e Licurgo. Do mesmo modo que o de Dodona era visitado por Alexandre Magno, o famoso general da Grécia Antiga que conquistou toda a Ásia Menor a fogo e ferro... A partir do século III a.C., tendo em vista os desvarios orgíacos que estariam ocorrendo dentro dos recintos destes oráculos é que, por ordem do dominador romano, tais ambientes passaram a ser proibidos e mesmo fechados.

No entanto, o intercâmbio entre vivos e mortos não teve interrupção. Sócrates tranqüilamente revelava a existência de um demônio (isto é, um espírito desencarnado ou anjo bom, como se dizia na época) que o orientava para o bem. Seu discípulo Platão pregava que por intermédio destes demônios é que os deuses entram em contato com os homens. Ver o seu famoso livro chamado BANQUETE. Em seus anais o historiador Tácito declarava que o intérprete dos deuses (em se tratando do Oráculo de Apolo de Claros) era um homem que, alheio muitas vezes às letras e até mesmo à arte poética, respondia em versos às perguntas que lhe eram feitas mentalmente.

Durante o fastígio do império romano observaram-se ainda os fatos mediúnicos. Plutarco relata o encontro de Brutos em pleno campo certa noite com seus inimigos já desencarnados. Em Roma, Pausânias, condenado a morrer de fome no templo de Minerva, em Espírito aparecia repetidas vezes assombrando os homens encarnados. Nos últimos dias de seu desastroso reinado, o próprio Nero se viu, fora de seu corpo somático, junto da genitora Agripina e da esposa Otávia, ambas assassinadas por sua ordem, pressagiando a sua próxima queda. Plínio comunicava-se com o Espírito de Homero, o poeta cego, obtendo, assim, informações sobre seus familiares distantes. Através da médium Erato, residente na Tessália, Sexto Pompeu soube do desfecho da luta política entre seu pai e César.

Entre os judeus os fatos mediúnicos eram tão comuns que nos textos bíblicos há farta documentação de todas as suas modalidades. Aí encontramos Espíritos que se materializam desde Moisés até os escritos dos evangelistas... Tanto pessoas como objetos são transportados de um lugar até outro sob ação supranormal... Os profetas viam e ouviam entidades espirituais; eram também dotados de mediunidade de incorporação, caindo em transe, como aparece no Capítulo 15 de Gênesis e Capítulo 8 de Daniel do Velho Testamento... Foi no Cristianismo, no entanto, que a mediunidade atingiu as mais radiantes culminâncias a serviço do Bem das criaturas terrenas... Como já anotou Emmanuel, a passagem do Mestre inesquecível entre os homens é um verdadeiro cântico de luz e de amor, externando-lhe a condição de Medianeiro da Sabedoria Divina. Pelo poder de sua vontade misericordiosa e graças à sua força magnética potentíssima, Jesus limpava leprosos, endireitava estropiados, dava vista a cegos de nascença, fazia retornar à vida criaturas mergulhadas no profundo sono da catalepsia, como a filha de Jairo, o filho da viúva da cidade de Naim, Lázaro, irmão de Marta e de Maria...

Prosseguindo ainda no ministério de fazer o Bem por amor ao próprio Bem, seus apóstolos operavam curas diversas por onde passavam anunciando as verdades do Divino Mestre e Amigo.

Pouco depois a Humanidade penetrava na longa noite medieval. Durante este período vamos observar uma curiosa dupla interpretação dos homens para os fatos mediúnicos. Se ocorridos no seio da Igreja Católica, eram eles considerados milagres de Deus, como sucedeu com Santo Antônio de Pádua, com São José Cupertino, com Santo Ambrósio, com São Clemente de Roma... Mas se ocorridos fora dos meios católicos, os médiuns eram considerados bruxos, feiticeiros, que se relacionavam com o Demônio, daí só merecerem, por parte do Santo Ofício, sofrer os horrores de uma fogueira inquisitorial como aconteceu com Joana D'Arc, a donzela de Domremy.

Nada obstante, os pais da Igreja, quer dizer, seus mais conspícuos sacerdotes e filósofos, hoje considerados santos, eram adeptos da verdade mediúnica e nas obras de Santo Agostinho e nas de Santo Tomás de Aquino vamos encontrar testemunhos insuspeitos do que estamos afirmando neste estudo da mediunidade ao longo dos séculos e no meio dos povos.

A partir do ano de 1848, com a eclosão dos fenômenos psíquicos na família Fox, em Hydesville, Estados Unidos da América, estudados tais fatos por pesquisadores honestos e sensatos, de ilibada conduta moral e projeção na sociedade, a partir daí é que a mediunidade veio a ser analisada cientificamente, em laboratório de pesquisa experimental com a presença de vultos de valor como Crookes e Bozzano, Aksakof e Lombroso, Flammarion e De Rochas, Du Prel e Schrench-Notzing, Zollner e Ochorowicz, Dénis e Morselli, dentre os mais importantes, concluindo todos eles pela intervenção de inteligências extracorpóreas, admitindo todos estes sábios do século passado a inequívoca comunicação dos Espíritos com os homens.

Por esta retrospectiva histórica, fica claro que Kardec não inventou os Espíritos nem a mediunidade. Mas foram os livros de Kardec que deram cabal explicação do fato mediúnico não os tachando de coisas de bruxaria, artimanhas de Satanás ou ocorrências milagrosas inexplicáveis! À luz do Espiritismo a mediunidade foi-nos mostrada e a todos é apresentada como ferramenta de trabalho para evidenciar a sobrevivência do princípio espiritual que existe no homem, após o fenômeno da morte, bem como a situação feliz ou desditosa em que este Espírito se encontra de acordo com a sua vida corporal.

E assim é que, escrevendo pelo lápis do médium Chico Xavier, o Espírito Albino Teixeira fez uma expressiva comparação entre a mediunidade e as diferentes formas de água existentes no mundo (livro CAMINHO ESPÍRITA, lição n.º 60).

De fato, é a água uma substância muito espalhada à face da Terra. Só na forma de oceanos ela cobre mais de 360 milhões dos 510 milhões de quilômetros quadrados que constituem o globo. Também é o líquido mais espalhado no corpo humano (mais de 65% do peso corporal do adulto). Desnecessário lembrar sua importância como alimento, como ingrediente nas indústrias alimentícias, como reagente nas indústrias químicas, sua presença obrigatória na lavoura, no comércio, nos hospitais, na higiene do corpo e das vestes, etc... etc... etc... André Luiz, outro Espírito que escreveu pelo lápis de Chico Xavier diversos livros, na obra NOSSO LAR faz um amplo comentário sobre o Bosque das Águas, no plano espiritual; e diz que a água fluidificada pode perfeitamente carrear elementos de cura e socorro ao corpo e ao perispírito quando em destrambelho!

No entanto, esta mesma água que é fonte de vida e de saúde, poderá de igual maneira ser veículo de graves moléstias quando contém detritos domésticos, poluentes industriais, ovos e larvas de vermes intestinais, formas bacterianas de febres infecciosas, formas embrionárias de mosquitos, vírus danosos à saúde pública, etc... etc... etc...

Pois bem, como salientou Albino Teixeira, a mediunidade também se espalha por toda a Humanidade, desde que o homem surgiu à face do globo. É tão espalhada como o é a água, acompanhando-nos ambas como se fossem a nossa própria sombra.

Ora, água contaminada, água poluída, água envenenada reclamam tratamento adequado com a decantação, a cloração, a fervura, a filtração, a destilação, etc... E pode — uma vez escoimada das escórias, livre das imundícies, transformar-se em linfa gostosa, boa, saudável, própria para a economia orgânica e o equilíbrio social.

O fato mediúnico, por vezes, também apresenta resíduos perniciosos. Ou do Espírito comunicante. Ou do intermediário humano (o médium). Ou ainda do meio onde o fato ocorre. Mas adverte a mensagem dada pelo Chico Xavier que todos temos a Doutrina Espírita por filtro de tratamento de tais fatos a fim de que, deles, tiremos o melhor proveito moral e espiritual.

A mediunidade com Jesus pode e deve ser água para dessedentar em sua pureza a nossa sede de paz e de luz. Assim, não a transformemos em charco mas em perene manancial de consolação e de esclarecimento para encarnados e desencarnados que se acerquem de nós!

19 — O PODER DO AMOR

Antonio F. Rodrigues

"O conhecimento pode pouquíssimo, comparado com o muito que o amor pode sempre." André Luiz — "No Mundo Maior", pág. 66, médium Francisco C. Xavier, Edição FEB.

O assistente Calderaro e André Luiz visitam um doente hospitalizado. Doente da alma, seria mais apropriada a designação, pois tratava-se de um obsedado que definhava sob o guante de atroz perseguição por parte de um Espírito que tinha sido sua vítima, por questão de dinheiro. O drama persistia há muitos anos, sem que o obsessor desse tréguas ao seu antigo assassino, agravado porque o criminoso não deixara pistas que o incriminasse. Escapara da justiça dos homens, mas estava sendo punido pela sua própria vítima.

Nesse duelo diuturno em que se degladiavam, acentuado à noite, porque o período noturno oferece melhores condições aos Espíritos para atuarem, é que os missionários da luz intervieram, tentando uma conciliação entre os inimigos. Mas o trabalho de Calderaro restringiu-se ao aspecto físico, dentro de sua especialidade. Diante dessa limitada intercessão, André Luiz perguntou ao Assistente, o porquê dessa relativa intervenção, ouvindo o seguinte:

"— Porque, se o conhecimento auxilia por fora, só o amor socorre por dentro."

"Nesse momento assomou à porta de entrada, sublime mulher."

"— É a irmã Cipriana — informou Calderaro —, a portadora do divino amor fraternal, que ainda não adquirimos." (obra citada, pág. 65).

Um diálogo se estabeleceu entre a visitante e o obsedado, em desdobramento pelo sono, que julgara tratar-se de Nossa Senhora, a mãe de Jesus, tal a beleza e a luminosidade que a envolvia. Para que ele a visse, ela agira magneticamente sobre o cérebro do obsedado.

As palavras que ela lhe dirigia eram bem apropriadas, mas o que realmente influiu na modificação daquela criatura, foi o amor que o envolvia, libertando-o daquela situação dolorosa, física e psíquica. Com o obsessor ocorreu o mesmo, embora levasse mais tempo, tal o ódio que o animava. Mas conforme ele mesmo afirmou, não foram os argumentos apresentados que o demoveu de suas idéias punitivas, mas o sincero amor fraternal que ela lhe transmitiu. O abraço de alegria contagiante que ela lhe deu, sem qualquer constrangimento pelo estado repulsivo que lhe caracterizava o estado infeliz, quando notou-lhe disposição para o entendimento, bem demonstra a que ponto chega o amor verdadeiro desses Espíritos Superiores. É o mesmo que ocorre com aqueles samaritanos do amor que assistem os hansenianos, como o exemplo do Padre Bento, que conviveu durante 42 anos com os leprosos, lavando-os, alimentando-os e consolando-os, sem, no entanto, contrair o mal de Hansen que infelicitava os seus pupilos. É por isso que as palavras de Paulo de Tarso, no cap. XIII da I Epístola aos Coríntios, bem demonstram o que é o amor. Vejamos apenas o versículo 2: "Ainda que eu tenha o dom de profetizar e conheça todos os mistérios e toda a ciência; ainda que eu tenha tamanha fé ao ponto de transportar montes, se não tiver amor, nada serei."

O amor (emanado de Deus) é a mola propulsora que tudo movimenta, tudo cria e tudo ampara. Quem estiver possuído dessa substância divina, pois Deus é amor, agiganta-se, amplia os seus horizontes e supera todos os obstáculos. Ele se torna inacessível às influências rasteiras, pairando acima das fraquezas humanas.

Quem vive o amor tudo já conquistou e portanto nada almeja, somente distribui. Distribui à mãos cheias o maná do céu, que tudo resolve, que tudo sacia.

Quem alcança essa condição, passa a ser o eterno doador da felicidade, mas da felicidade espiritual (duradoura) e não material (transitória), que ainda infelizmente procuramos. Até quando?...

20 — VALORIZEMOS O TEMPO

Antonio F. Rodrigues

"Lembremo-nos de que o esforço da natureza converte o carvão em diamante..." André Luiz — "Obreiros da Vida Eterna", pág. 117, médium Francisco C. Xavier; edição FEB.

Sempre que nos propomos a falar sobre algum tema, nos baseamos em alguma frase de impacto. A que destacamos acima nos fala a respeito do trabalho incessante da natureza, que transmuda a matéria opaca em rutilante diamante. Não podíamos encontrar mais belo exemplo de transformação, embora seja de ordem material. Mas o mesmo ocorre com o nosso corpo perispiritual, que de negro e pastoso que era quando fomos selvagens, passará a cintilante quando alcançarmos a condição de Espírito Superior; pois é o Espírito que modifica a sua vestimenta, perispiritual, através dos milênios de estudo e de trabalho, porque aquilo que aprendemos na teoria, teremos que aplicar na prática, sem a qual não temos a prova de sua validade.

Esse trabalho de burilamento se processa mais ou menos rápido, segundo o que fizermos do tempo. André Luiz, no livro Libertação, pág. 91, nos dá um exemplo do comportamento das pessoas de baixa condição espiritual. Diz ele: "A conversação ociosa era, ali, o traço dominante." Tratava-se de pessoas indolentes que se compraziam em "matar o tempo", como dizem aqueles que ficam num bar, horas e horas, bebericando aguardente e falando sobre banalidades ou piadas indecorosas. O oposto, nós encontramos no labor constante de uma "Ministra Veneranda", que segundo André Luiz, trabalhava em Nosso Lar há 200 anos sem tirar férias. É natural que não somos um espírito desse quilate e nem tampouco como aqueles infelizes (que se julgam felizes), que mencionamos anteriormente, mas é necessário que façamos uma análise de como estamos aproveitando o nosso tempo.

Malba Tahan em uma de suas maravilhosas histórias nos fala de um rico mercador, que estava sentado sobre uma pedra em um dos oásis do imenso deserto, muito tristonho, quando alguém lhe pergunta o motivo da sua tristeza, e ele responde que tinha perdido uma cousa muito preciosa. Tratava-se de uma jóia que tinha enorme brilhante rodeado de 24 pérolas. Então o recém-chegado lhe indaga: — Mas, que preciosidade era essa? E a resposta do mercador veio rápida: — Perdi um dia, e ele é um tesouro irrecuperável.

Realmente ainda não nos conscientizamos do valor inestimável do tempo, desperdiçando-o com intermináveis conversações que se forem analisadas, não se aproveita nada. André Luiz ensina que, 80% do que se fala, seria melhor que não fosse dito.

" O trabalho — como diz Voltaire — afasta de nós três grandes males: o aborrecimento, o vício e a necessidade." Sem falarmos na imensa experiência que adquirimos, que representa incalculável riqueza espiritual. É natural que enquanto estivermos encarnados, devemos dar um repouso ao corpo, sem o qual estaremos praticando um suicídio, devido ao excesso cometido, embora exista atenuante, se esse excesso seja em benefício da humanidade. Mas o que é mais condenável é malbaratar o tempo com futilidades, deleitando-se com programas nada construtivos, como os filmes pornográficos, de violência ou de horror, enquanto existem outros que divertem instruindo ou fazendo a apologia do bem. Aliás, nós podemos avaliar a evolução das pessoas, segundo o que elas fazem do tempo. Diga com quem andas e eu te direi quem és, diz o refrão. Parafraseando, poderemos dizer: Diga o que fazes do tempo e eu te direi quem és.

21 — CONVERSANDO COM OS MÉDIUNS

Celso Martins

Estudando Allan Kardec no LIVRO DOS MÉDIUNS (Capítulo XIV), notamos que o Codificador admite dois sentidos para o termo **médium,** por ele mesmo criado do Latim **intermediário.** Um sentido mais amplo e outro mais restrito. São estas suas palavras a este respeito: "Todo aquele que sente, num grau qualquer, a influência dos Espíritos é, por este fato, médium... Esta faculdade é inerente ao homem; não constitui, portanto, um privilégio exclusivo. Por isso mesmo, raras são as pessoas que dela não possuam alguns rudimentos. Pode, pois, dizer-se que todos são médiuns. Todavia só assim se qualificam, usualmente, aquele em quem a faculdade mediúnica se mostra bem caracterizada e se traduz por efeitos patentes, de certa intensidade, o que então depende de uma organização mais ou menos sensitiva."

Como se vê, no sentido amplo da palavra, todos somos médiuns, partindo do princípio de que todos temos uma aura em nosso derredor, graças à qual podemos pôr-nos em contato com os Espíritos pelo menos através da intuição, para o Bem ou para o Mal, conforme sejam as nossas inclinações, os nossos interesses e os nossos pensamentos... Já no sentido restrito médium só o é quem tem a mediunidade mais pronunciadamente evidente.

Falamos acima em aura. Vamos trocar este assunto em miúdos para melhor compreensão.

Cada célula viva de nosso organismo, sendo, como diz André Luiz, um motor microscópico em funcionamento conectado com a usina mental — emite irradiações. Toda célula age assim — emite irradiações. Desta maneira, o conjunto de todas as radiações emitidas pela totalidade de nossas células orgânicas formam uma espécie de "halo energético" em torno de nosso corpo carnal. Aliás, este "halo energético" reveste também os demais seres vivos — além do homem. Cada ser vivo tem o seu "halo energético", de acordo com a sua natureza. Na espécie humana, que por motivos óbvios nos interessa mais de perto, semelhante projeção se apresenta mais enriquecida e em constante modificação porque o homem constantemente está emitindo pensamentos... Cada pensamento emitido é capaz de exercer uma certa influência sobre esta aura individual... Tais alterações podem então ser percebidas por muitos médiuns, por sonâmbulos e por Espíritos desencarnados. Um pensamento de paz, quando emitido por alguém profundamente compenetrado deste sentimento, torna-se extremamente belo e expressivo. Ao contrário, um pensamento colérico, irritadiço, inferior, torna-se repugnante e horrível. A usura, a ambição, a avidez, originam formas retorcidas como se fossem verdadeiras garras de um falcão, como se as pessoas que emitissem semelhantes pensamentos desejassem tomar algo para si.

Interessante seria lembrar que no seu livro PENSAMENTO E VONTADE o pesquisador psíquico Ernesto Bozzano cita o caso de uma sonâmbula clarividente que via perfeitamente o cérebro de seu experimentador, a ponto de declarar que via ali a figura de uma velhinha no momento em que o experimentador, sem que lhe dissesse nada a respeito, estava realmente pensando em sua genitora distante.

André Luiz, escrevendo pelo lápis do Chico Xavier, no livro EVOLUÇÃO EM DOIS MUNDOS, explica (Capítulo 17) que é esta aura, exibindo vibrações, cores e imagens, o órgão plástico que define a nossa personalidade, constituindo assim o ponto de partida para o intercâmbio mediúnico que se estabelece entre encarnados (vivos) e desencarnados (mortos). Isto porque, acrescenta André Luiz, é através dele que somos vistos e examinados pelos Espíritos Superiores, sentidos e reconhecidos pelos nossos afins da mesma forma que hostilizados e temidos por nossos adversários e amados e auxiliados por nossos amigos de além-túmulo.

Seria erro crasso, pois, supor seja a mediunidade uma descoberta ou mera invenção de Kardec ou do Espiritismo... Existem muitos médiuns que não são absolutamente espíritas. O fato mediúnico sempre ocorreu ao longo da História da Humanidade... Dentre os muitos exemplos podemos relembrar Joana D'arc com suas visões, Antônio de Pádua transportando-se de um lugar a outro, Sócrates admitindo a existência de um demônio (ou anjo protetor que o orientava) etc... O próprio Cardeal de Bona teve a coragem moral de declarar sem meias palavras que é motivo de estranheza possamos encontrar homens de bom senso que tenham ousado negar, em absoluto, as aparições e as demais comunicações das almas com os vivos, ou atribuí-las a uma fantasia da imaginação ou ainda à arte do Diabo...

Coube a Kardec estudar os fatos mediúnicos com critério de cientista, investigar-lhes as causas, as leis, as conseqüências em geral... Coube ao Espiritismo trazer tais fenômenos para a prática do Bem, para o esclarecimento e consolo tanto dos encarnados como dos desencarnados, explicando ocorrências aparentemente inexplicáveis, fatos insolúveis à luz das ciências materiais... Desta forma, como bem elucida Martins Peralva no seu livro ESTUDANDO A MEDIUNIDADE, "o médium que vigia a própria vida, disciplina as emoções, cultiva as virtudes cristãs e oferece ao Senhor, multiplicados, os talentos que por empréstimo lhe foram confiados, estará, no silêncio de suas dores e de seus sacrifícios, preparando o seu caminho de elevação para o céu. Estará, sem dúvida, exercendo a mediunidade com Jesus."

Entendamos que mediunidade não é privilégio exclusivo para ninguém. Não se trata de um dom que Deus outorgaria a uns e negaria a outros. Em realidade, na maioria das vezes trata-se de uma prova a que o Espírito se submete a fim de expiar faltas passadas fazendo no presente, através do exercício das faculdades medianeiras, todo o Bem que estiver ao seu alcance. E nesta tarefa só falhará se não observar as leis Morais do Criador.

Os centros espíritas devem prosseguir fiéis à orientação de Kardec, dando de graça o que de graça recebem, equivale dizer, mantendo abertas as suas portas de par em par, explicando ao público assistente o que é a mediunidade, disciplinando os seus impulsos e curando dolorosas obsessões (flagelo dos tempos modernos, no dizer de André Luiz), esclarecendo encarnados e desencarnados, voltando enfim os recursos do intercâmbio com o plano espiritual para a prática efetiva da Caridade legítima, anunciada por Jesus em seus Evangelhos.

O assunto MEDIUNIDADE, examinado à luz do Espiritismo, comporta um estudo muito vasto e profundo a fim de ser conhecido em seus mecanismos e possibilidades de beneficiar os encarnados e os desencarnados.

Em primeiro lugar gostaríamos de encarar a mediunidade levando em conta o espírito comunicante. Aprendemos em Kardec, no LIVRO DOS ESPÍRITOS, por exemplo, que os Espíritos que se encontram na erraticidade variam tanto como os homens encarnados. Nem poderia ser de outra maneira de vez que os homens, uma vez desencarnando, tornam-se habitantes do mundo invisível, tanto como os Espíritos reencarnando passam a fazer parte da família humana encarnada. Assim, se aqui encontramos pessoas virtuosas e pessoas vingativas, pessoas abnegadas e pessoas egoístas, homens que se voltam para as ciências, para as artes, e homens sem qualquer instrução, homens de poucas letras e cheios de preconceitos — do outro lado da vida também há Espíritos em iguais situações.

Uma vez desenfaixado da carne, é bem verdade que um Espírito pode ter ampliada a sua visão, melhorada a sua compreensão das coisas... Tal processo evolutivo, no entanto, não ocorre abruptamente... Leva algum tempo, variável entre dias e séculos, dependendo do grau evolutivo de cada criatura... Assim, uma vez esteja de volta ao plano espiritual, não significa isso tenha ele então total conhecimento de tudo; ou um extraordinário avanço moral que devamos, encarnados, seguir ao pé da letra, sem exame prévio, as orientações que nos chegam do Além por meio dos canais mediúnicos... Mesmo nos casos de médiuns que merecem nossa irrestrita confiança, pois, neste caso, não estamos pondo em dúvida a pessoa do médium mas em exame a mensagem que nos veio através dele.

Poderia parecer que estamos repetindo verdades cediças, lugares comuns, pleonasmos desnecessários... No entanto, não se trata de chover no molhado... É uma advertência sempre oportuna diante de mensagens que nos chegam do plano da Espiritualidade e muitos de nós — sem fazê-las passar pelo crivo da razão, da lógica, do bom senso — vamos aceitando como orientações verdadeiras quando, na realidade, entram em conflito com os postulados da Codificação de Kardec. Não podemos abdicar de nosso raciocínio, de nosso discernimento, deixando-nos levar pelas sugestões maliciosas de muitos Espíritos interessados em simplesmente confundir as criaturas. Mais vale rejeitar 10 verdades do que admitir uma só mentira, como escreveu Erasto, discípulo de Paulo (LIVRO DOS MÉDIUNS, Capítulo XX).

Ainda com relação ao Espírito comunicante, é preciso lembrar que não se pode pedir uvas ao espinheiro... Nem maçãs a uma parreira... Cada Espírito só pode responder àquilo que saiba, só pode orientar-nos dentro daquilo que conhece... Assim, nao vamos esperar que um Espírito de um poeta como Castro Alves nos venha dar uma aula de Ciência experimental... Tanto como um Espírito como André Luiz (que na Terra fora médico) não nos fornecerá um belo poema no estilo condoreirista, peculiar ao Poeta dos Escravos... Só mesmo os Espíritos inferiores, zombeteiros, brincalhões, que se comprazem em divertir-se às custas dos homens que lhes dão atenção, é que se prontificam a responder sobre tudo indistintamente, fazendo então afirmações que não só entram em violento choque com a Doutrina Espírita como são vazias de significado mais profundo...

No LIVRO DOS MÉDIUNS, Kardec nos dá as seguintes orientações no Capítulo XXIV, 2.ª parte, n.º 267: "Os bons espíritos só dizem o que sabem; calam-se ou confessam a sua ignorância sobre o que não sabem. Os maus falam de tudo com desassombro, sem se preocuparem com a verdade. Os bons espíritos nunca ordenam; não se impõem, aconselham e, se não são escutados, retiram-se. Os maus são imperiosos; dão ordens, querem ser obedecidos e não se afastam, haja o que houver. Toda prescrição meticulosa é sinal certo de inferioridade e de fraude, da parte de um espírito que tome um nome importante. Os bons espíritos não lisonjeiam; aprovam o bem feito, mas sempre com reserva. Os maus prodigalizam exagerados elogios, estimulam o orgulho e a vaidade, embora pregando a humildade, e procuram exaltar a importância pessoal daqueles a quem desejam captar."

Neste mesmo LIVRO DOS MÉDIUNS encontramos orientações seguras tais como as que se seguem sobre como se pode distinguir os Espíritos bons dos maus. Esclarece Kardec: "Julgamos os Espíritos como julgamos os homens. Suponhamos que um homem receba vinte cartas de pessoas que não conhece. Pelo estilo, pelas idéias, por numerosos indícios julgará assim quais são as instruídas e quais as ignorantes, educadas ou sem educação, profundas, frívolas, orgulhosas, sérias, levianas, sentimentais, etc. Acontece o mesmo com os Espíritos. Devem ser considerados como correspondentes que nunca vimos e perguntar o que pensaríamos da cultura e do caráter de um homem que dissesse ou escrevesse aquelas coisas. Podemos tomar como regra invariável e sem exceção que a linguagem dos Espíritos corresponde sempre ao seu grau de elevação."

Prossegue Allan Kardec em sua sábia orientação a este respeito: "A bondade e a afabilidade são também atributos essenciais dos Espíritos depurados. Eles não alimentam ódio nem para com os homens nem para com os demais Espíritos. Lamentam as fraquezas e criticam os erros, mas sempre com moderação, sem amarguras nem animosidades. Se admitirmos que os Espíritos verdadeiramente bons só podem querer o Bem e dizer boas coisas, concluiremos que tudo o que, na linguagem dos Espíritos, denote falta de bondade e de afabilidade não pode provir de um Espírito bom."

Encerremos tal transcrição com estas ponderações: "A inteligência está longe de ser um sinal seguro de superioridade, porque a inteligência e a moral nem sempre andam juntas. Um espírito pode ser bom, afável e ter conhecimentos limitados, enquanto um espírito inteligente e instruído pode ser moralmente bastante inferior." (LIVRO DOS MÉDIUNS — Capítulo XXIV — Identidade dos Espíritos).

Nas conclusões do LIVRO DOS ESPÍRITOS o Codificador anotou esta observação: "Falsíssima idéia formaria do Espiritismo quem julgasse que a sua força lhe vem da prática das manifestações materiais e que, portanto, obstando-se a tais manifestações, se lhe terá minado a base.

Sua força está na sua filosofia, no apelo que dirige à razão, ao bom senso." E é em A GÊNESE, outro livro da Codificação Kardeciana, que afirma categoricamente: "Quem quer que medite sobre o Espiritismo e suas conseqüências morais e não o circunscreva tão-somente à produção de fenômenos, logo compreende que ela abre à Humanidade uma estrada nova e lhes desvenda os horizontes do Infinito."

A Doutrina Espírita está embasada nas conseqüências morais dessas manifestações. Mas não se restringe a estes fatos mediúnicos somente. Acima de tudo abre como que uma janela para o Infinito tornando o homem mais consciente sobre a sua natureza e sobre o destino que o aguarda no porvir. Assim sendo, se hoje os espíritas brasileiros utilizam a mediunidade — usam-na como um meio, e um meio de amenizar o alheio sofrimento; e não como um fim em si mesmo, não raro, um fim utilitário, um fim meramente material.

Emmanuel, já citado anteriormente neste livro , nos esclarece que os fenômenos acordam o espírito adormecido na carne, mas não fornece as luzes interiores, somente conseguidas à custa de grande esforço e trabalho individual. Vai daí não se conceber a possibilidade de se comerciar o dom mediúnico. Tampouco empregá-lo para atingir objetivos terrenos... Quem age assim — é um forte candidato às obsessões mais dolorosas debaixo das influências de entidades inferiores conduzindo tal médium às raias do desequilíbrio orgânico e moral.

Visto o Espírito comunicante, vamos analisar, embora rapidamente, o médium por meio do qual aquele pode colocar-se em contato com os homens. Conquanto todas as pessoas sejam médiuns de algum modo, sentindo mais ou menos a influência espiritual, chamamos médiuns àquelas cuja faculdade (radicada na organização física) se mostra bem caracterizada, permitindo os Espíritos se manifestarem de um modo mais intenso e patente.

Há pessoas que por suas próprias faculdades conseguem produzir determinados fenômenos, como por exemplo visão à distância, leitura de pensamentos, movimentação de objetos. Neste caso, os fenômenos por elas produzidos são chamados **anímicos,** sendo estudados pela Parapsicologia como Psi-Gama ou Psi-Kappa.

Mas ocorrem casos em que estas atividades podem ser produzidas por pessoas secundadas e assistidas pelos Espíritos e aí é que estamos então diante de fenômenos **mediúnicos.** É o intercâmbio entre os dois planos, o material e o espiritual.

A faculdade mediúnica depende da organização física. Reside na maior ou menor facilidade que tem o fluído do médium para se combinar com o fluido do Espírito. Assim, não basta que este último queira manifestar-se aos homens. É preciso também que encontre a necessária aptidão na pessoa pela qual ele queira manifestar-se. (Ver LIVRO DOS MÉDIUNS, 2.ª parte — Capítulo VI).

Explica André Luiz, também já mencionado antes, que a organização mediúnica, como as demais edificações elevadas, não se improvisa no caminho da vida. O médium não é apenas uma inteligência ou uma consciência anulada nas exteriorizações fenomênicas da comunicação entre as duas esferas. E completa: Edificar a mediunidade constitui uma obra digna de esforço aliado à perseverança, no espaço e no tempo.

O intercâmbio processa-se graças às propriedades do perispírito. Este revestimento fluídico permite ao Espírito receber as sensações do mundo exterior e, também, serve de condutor de seu pensamento e vontade. Através dele é que o Espírito comunicante age sobre o perispírito do médium. A facilidade das comunicações, diz Kardec em O PRINCIPIANTE ESPÍRITA, ítem n.° 6", depende do grau de afinidade existente entre os dois fluidos, quer dizer, o fluido espiritual da entidade desencarnada e o fluido humano do elemento que serve de médium.

Assim, tanto nas manifestações inteligentes (psicografia, psicofonia ou incorporação, vidência, audição, intuição, sonhos premonitórios etc...) como nas manifestações físicas ("materialização", voz direta, levitação, transportes etc...) é o tipo dos fluidos do médium que enseja os fenômenos. É a simpatia entre o Espírito comunicante e o médium que favorece o fato. Cumpre salientar que nas manifestações inteligentes, como ocorre a tradução de um pensamento do Espírito para o médium, este último exerce uma influência maior porque o seu Espírito é quem será o intermediário do pensamento do manifestante. Entre si os Espíritos usam a linguagem do pensamento. Mas ao exprimirem-se por via mediúnica evidentemente terão de utilizar as idéias e os vocábulos do médium. E este então poderá ser um intérprete fiel da mensagem recebida como opor-lhe barreiras por diversos motivos.

Por isso mesmo, o Espírito de um modo geral procura um médium que menos obstáculos lhe ofereça para as comunicações usuais e de certa extensão. Na falta do instrumento ideal, ele pode servir-se do que tem à mão. Daí a necessidade que há de o médium também procurar desenvolver-se intelectualmente e no sentimento, para oferecer extensa faixa de interpretação e forma fiel ao pensamento do Espírito, na medida do que lhe for possível.

O problema da sintonia é muito importante, pois facilita a comunicação. Isto é de capital importância quando se analisa o papel da influência moral do médium sobre as mensagens por ele recebidas. Kardec declara que a faculdade mediúnica se radica no organismo. Independe então do fator moral. Assim, ser médium não é sinônimo de santidade ou de pureza de coração. Agora — o seu uso pode ser voltado para o Bem ou para o Mal, dependendo do grau evolutivo da criatura... O médium exerce uma influência moral nas comunicações que recebe pela simples razão de que atrai os Espíritos de conformidade de seus pensamentos, seus sentimentos e seus atos...

Médium que não procura observar as lições de Jesus em seu Evangelho de Amor, de Caridade, de Perdão, evidentemente não terá condições perispirituais para captar o pensamento amoroso de entidades superiores... Por seus sentimentos e inclinações, será o porta-voz de pobres irmãozinhos desencarnados em semelhantes situações morais.

Cumpre ressaltar, no entanto, que a prática tem demonstrado outrossim que pessoas dotadas de bons sentimentos podem servir de médiuns a Espíritos inferiores, notadamente nas reuniões de desobsessão para que estas entidades sejam esclarecidas à luz dos Evangelhos do Cristo...

Indagou Kardec ao plano espiritual quais seriam as condições necessárias para que a palavra dos Espíritos superiores nos chegue isenta de qualquer alteração. Ver LIVRO DOS MÉDIUNS, Capítulo XX.

Obteve esta resposta: Querer o bem; repelir o egoísmo e o orgulho. O melhor meio de expulsar os maus Espíritos consiste em atrair os bons. Atraí, pois, os bons Espíritos, praticando todo o bem que puderdes, e os maus desaparecerão, visto que o bem e o mal são incompatíveis. Sede sempre bons e somente bons Espíritos tereis junto de vós. Consultar mesma obra, Capítulo XX, 2.ª parte, n.º 226. Ver Capítulo IX, n.º 132.

Por fim, à luz do Espiritismo a mediunidade também leva em conta o ambiente onde, através de um médium, o Espírito esteja dando uma comunicação. Por ambiente queremos referir-nos aos presentes à reunião mediúnica. Os assistentes de nossos trabalhos práticos nos centros espíritas não são inertes. São Espíritos encarnados que emitem pensamentos e vibrações, irradiam forças e possuem fluidos, sentem simpatia e antipatia, podem fazer-se acompanhar de amigos ou de inimigos espirituais. Ora, se o conjunto de assistentes for vicioso, indisciplinado, discordante, mal intencionado — é claro que neste meio não se receberá nenhuma comunicação edificante, a não ser muito eventualmente, ainda que o médium, dotado do mais sincero desejo de servir, possua possibilidades. Mas simplesmente porque os próprios Espíritos superiores seguem o ensino de Jesus que dizia não devamos atirar pérolas aos porcos. Os bons Espíritos não lançam evidentemente boas sementes em cima de um solo árido, cheio de espinhos e de pedras... Abandonam o campo aos Espíritos inferiores que se afinam com os assistentes ali reunidos.

Kardec foi bem claro no LIVRO DOS MÉDIUNS, Capítulo XXI, 2.ª parte, ítem 231, ao dizer textualmente: "Todos os Espíritos que cercam o médium o auxiliam, para o bem ou para o mal."

É por isso que as reuniões de desobsessão, sessões altamente necessárias no mundo atual, diante de tanta gente sob a influência perniciosa de processos obsessivos, são de caráter estritamente privativo, a elas só comparecendo aquelas criaturas que estão realmente desejosas de servir o próximo sofredor. E para alî se encaminham com o pensamento voltado para o Alto, para o Bem, para as mensagens eternas de Jesus.

Se as pessoas que comparecem aos centros espíritas se esforçam pela melhoria de seu padrão vibratório, o médium poderá servir de intermediário aos Espíritos que virão de bom grado, com toda satisfação e melhor boa vontade, em resposta à condição que lhe é oferecida. E aí derramarão sobre nossas cabeças os seus fluidos benfazejos, esparramarão sobre os nossos corpos combalidos os seus medicamentos espirituais revitalizantes, darão orientações vazadas de sabedoria e esperança, ensinamentos eivados de espiritualidade e segurança para a nossa própria redenção espiritual. Vale a pena nosso esforço de melhoria íntima, pois seremos então beneficiados com a presença carinhosa de uma vasta legião de amigos do Além que desejam auxiliar-nos em todos os lances da vida terrena!...

22 — MUNDO DE REGENERAÇÃO

Antonio F. Rodrigues

> **"Ele (a Terra) há chegado a um dos seus períodos de transformação, em que, de orbe expiatório, se mudará em planeta de regeneração, onde os homens serão ditosos, porque nele imperará a lei de Deus." — Santo Agostinho — O Evangelho segundo o Espiritismo, cap. III.**

Poucos estão vivos daqueles que viram a passagem do cometa de Halley, no distante ano de 1910. Foi um espetáculo majestoso, segundo essas pessoas, pelo deslumbramento que causou, cobrindo o céu numa faixa que ia de um extremo ao outro da abóboda celeste. Entretanto, nem tudo foi deslumbramento, porquanto, muitos ficaram horrorizados, julgando que o mundo fosse acabar. Que tudo fosse absorvido pelas chamas do estranho visitante. Outros acreditavam que tal ocorrência pressagiasse funestos acontecimentos.

Tal espetáculo, repete-se a cada 76 anos, que é o tempo de que o cometa necessita para percorrer a sua órbita. Assim sendo, novamente vamos tê-lo em nosso firmamento, no próximo ano de 1986, ocasião em que coincidirá com os tristes eventos previstos por Nostradamus, que se presume sejam as conseqüências da terceira guerra mundial. A propósito devemos nos lembrar que tal fato, de forma sutil e sem nenhuma dramaticidade, encontramos nas mensagens de P. G. Leymarie e Pedro de Bragança, ambas psicografadas por Hernani T. de Sant'Anna, secretário do Presidente da FEB e que se encontram na revista Reformador de julho e setembro de 1978, respectivamente. Vejamos um trecho de cada uma: — "... porque a hora já é avançada e não há mais tempo a perder, a fim de que tantos quantos for possível recebam a palavra do Cristo Redivivo, antes que a noite apocalíptica desça sobre os vales da Crosta planetária".

"Pela terceira vez se reúne, no Infinito, a Augusta Assembléia dos Gênios Espirituais da Humanidade, sob a presidência do Cordeiro de Deus. A primeira foi realizada nos albores do Cristianismo; a segunda, no século XIV, quando era preciso preparar a descoberta e civilização do Mundo Novo. Agora, novamente a Celeste Assembléia se apresta a decisões cuja magnificência não podemos sondar".

Mais recentemente, no dia 07-10-78, F. C. Xavier psicografou um poema de Castro Alves, no Centro Espírita União, aqui em São Paulo, cujo texto diz que o mundo apelará ao Brasil, por socorro, dando-nos a entender que o nosso país será o celeiro que abastecerá os flagelados da hecatombe atômica dos últimos anos deste século.

Segundo uma transcrição feita pelo jornal "O Clarim", de 08/78, Edgard Cayce, o extraordinário médium americano, já falecido, prevê para antes do fim do século, o aparecimento do lendário continente denominado Atlântida, com a conseqüente submersão de muitas terras, inclusive a faixa leste dos EUA. Assim como também prevê que a China iniciará a terceira guerra mundial, fazendo com que a Rússia se alie ao EUA, acontecimento também previsto por Jeanne Dixon, outra profeta americana e que foi conselheira do falecido Presidente Roosevelt.

No livro Memórias de um Suicida, psicografado por Yvonne Pereira, pág. 512/3, encontramos a seguinte afirmativa: "... já que estava iminente rigorosa seleção, por parte da Providência, entre os Espíritos e os homens pertencentes aos núcleos terrenos, porque o planeta sofreria em breve o seu parto de valores, expulsando para mundos inferiores os incorrigíveis desde há dois mil anos, para conservar em seu seio apenas os mansos e os pacíficos, os de boa vontade, para, então, estabelecer-se não só no planeta como em seus continentes astrais, aquela era de progresso sonhada pelo Mestre da Galiléia, presidida pelo socialismo fraterno estatuído nos áureos códigos da sua Doutrina?"

Diz Eliot, o consagrado escritor americano, que: "O mundo está procurando elaborar uma mentalidade não cristã. A experiência malogrará, mas devemos dar prova de muita paciência na espera desse fracasso. Devemos, também, enquanto isso, resgatar o tempo, a fim de que a Fé seja guardada viva através das sombrias idades que hão de vir; a fim de renovar e reconstruir a civilização; a fim de salvar o mundo do suicídio".

Que estamos vivendo esse estado sombrio mencionado por Eliot, não temos dúvidas, com as revistas e filmes pornográficos em grande expansão, dando uma demonstração da deterioração dos costumes, sem falar da violência que amedronta a sociedade atual. Isto vem demonstrar que somente os que estão alicerçados na moral cristã, poderão persistir na luta contra a imortalidade degradante que vai envolvendo a humanidade. Não sabemos até que ponto vai essa espiral, para chegar-se ao ponto crítico que desencadeie uma catástrofe, mas ela inevitavelmente virá, para então iniciar-se a era de renovação, pela transferência dos reincidentes no mal para mundos primitivos ou de expiações e provas, porquanto a Terra ascenderá à condição de Planeta de Regeneração, onde ficarão somente os bons, conforme consta dos Evangelhos: "Os bons herdarão a Terra."

Vemos, portanto, nos tempos atuais, a transição prevista, submetendo as pessoas aos testes para a seleção necessária. São remanejamentos necessários, para que haja uma aceleração evolutiva para aqueles que estão iniciando novo curso na escola da vida, e ao mesmo tempo uma forma dos visitantes aproveitarem a oportunidade para recuperarem o tempo perdido e retornarem aos mundos de seus anseios.

As sombras que envolvem a Terra não devem ser motivo de apreensão ou desânimo, pois as mesmas funcionam como tempestades saneadoras, que escapam à nossa compreensão; mas, se tivermos fé, concluiremos que Deus na sua infinita bondade e sabedoria, sabe o que é melhor para nós.

O bom cristão não se angustia e persiste no bem, porque sabe que depois da meia-noite, virá a aurora de um novo dia, iluminando todas as criaturas. Acreditamos que estamos chegando num ponto crítico e que deverá haver alguma intervenção que ponha fim aos desatinos desta pseudo civilização.

Diz o sábio Lavoisier que na natureza nada se perde, tudo se transforma. Provavelmente estamos chegando a essa transformação, tanto material como espiritual. Material, porque a natureza será preservada da destruição que lhe estamos impondo; e, espiritual, porque teremos a substituição dos transgressores da Lei, pelos que lhes obedece; quando isto acontecer, estaremos vivendo num mundo de regeneração, que é o destino deste planeta em que vivemos, segundo os ensinos dos Espíritos, de acordo com o que se encontra no III capítulo do Evangelho segundo o Espiritismo.

Ao nos aproximar do fim do século, transcorridos quase dois milênios da mensagem de Jesus, estamos vivendo os momentos de transição — de planeta de expiação e provas para regeneração — em que este planeta, qual imenso barco, com seus 4,5 bilhões de seres humanos, ancorará, simbolicamente, no porto de Regeneração, embora estejamos singrando um mar encapelado, devido aos vendavais das nossas paixões. Mas como a Lei Maior determina que marchemos em busca da perfeição, apesar dos renitentes que insistem em criar obstáculos a essa caminhada, não esmoreçamos e confiemos nos emissários de Jesus, que não se cansam de nos alertar para as investidas das trevas.

O amai-vos e instruí-vos ainda é e será a bússola que norteará as nossas diretrizes em busca de um porto seguro.

Não poderemos construir um mundo melhor, sem que vivamos esse binômio maior e destarte possamos robustecer-nos para os embates do cotidiano, a fim de que possamos arrefecer as arremetidas dos nossos irmãos da retaguarda. E, aumentando as luzes dos nossos conhecimentos e as conquistas dos nossos sentimentos, estaremos contribuindo para que os nossos anseios se tornem uma realidade, o mais breve possível.

23 — OBSESSÃO

Antonio F. Rodrigues

Em todos os livros de Kardec, encontramos o tema obsessão, demonstrando, assim, a preocupação do Codificador por esse problema, considerado, pelo mesmo, como o maior obstáculo em nossos trabalhos espíritas. A solução depende da participação do obsedado, conforme se depreende das orientações existentes nos livros kardequianos; aliás, essa tese encontra-se também nos próprios Evangelhos, quando falam das curas operadas pelo Rabi da Galiléia. E, nesses relatos, vemos sempre o desejo sincero do beneficiado em aderir à Boa Nova.

Nos casos de subjugação, o primeiro passo deve ser dado pelos parentes da vítima, procurando os centros espíritas para o necessário tratamento espiritual, tendo em vista que o subjugado não tem condições de se libertar do agressor, por si mesmo, em conseqüência do domínio físico e mental em que se encontra. Tal procedimento deve ser também aplicado nos casos de fascinação, porque o fascinado não se julga dominado por entidades espirituais, achando que tudo o que faz é sensato, razão pela qual, deve haver a intercessão de alguém para afastar essas entidades malfeitoras.

No caso da obsessão simples, já é diferente, conforme falamos na introdução desta crônica, visto que o obsedado procura, por todos os meios, libertar-se de tal envolvimento desagradável, só que nem sempre emprega o melhor método para essa solução, a qual depende, principalmente, do obsedado procurando melhorar-se moralmente, tendo em vista que, ou o obsessor afasta-se por não encontrar campo sintônico, ou adere aos ensinamentos de Jesus, exemplificados pela vítima.

Um dos fenômenos de efeitos físicos mais insólitos é sem dúvida o Endopport, ou seja, aquele em que o obsessor introduz no corpo do obsedado agulhas, botões, arames, pregos ou outros objetos, sem que eles deixem qualquer vestígio ao atravessar a pele e fixar-se em qualquer parte do interior do corpo, até mesmo no cérebro, como é o caso da sra. Draginja Melosveic, divulgado pela imprensa.

J. Herculano Pires trata desse fenômeno em seu livro Vampirismo (capítulos VI e VII), citando diversos casos, entre eles alguns que verificou pessoalmente. Embora seja obsessão, na maioria das vezes, tais fenômenos podem ser também de ordem mediúnica, quando o intermediário transfere para o seu estômago os objetos que se encontravam no corpo do obsedado, vomitando-os.

O processo que o obsessor emprega para introduzir os objetos no corpo de sua vítima é o mesmo que Ernesto Bozzano relata em seu livro "Fenômenos de Transporte", ou seja, o objeto é desmaterializado para transpor o corpo humano e depois é materializado no interior do corpo transposto, daí não aparecer qualquer vestígio na pele da vítima, assim como nos fenômenos de transporte os objetos atravessam portas ou paredes ou mesmo qualquer recipiente fechado. O corpo fluídico, como é sabido, não encontra nenhum obstáculo físico que não possa transpor, embora nem todos os Espíritos conheçam essa técnica, mas quem não a conhece pode recorrer aos serviços de quem a conhece, em troca de favores, como se dá aqui entre os encarnados.

H. Pires, no citado livro, nos fala de uma mocinha residente em Jaboticabal, que não suportando os sofrimentos causados pelas constantes cirurgias e, principalmente, pelas manifestações ígneas que provocava em lugares perigosos ou queimando roupas, sendo, portanto, despedida pelos seus patrões, sempre que isso ocorria, suicidou-se. Os Espíritos a acusavam de haver praticado magia negra no passado. Aliás, ninguém sofre inocentemente, conforme nos assevera Emmanuel. Herculano Pires, por sua vez, afirma: "Os Espíritos que não mancharam suas mãos no crime de Caim há muito que deixaram o nosso mundo de provas e expiações" (Obra citada). E acrescenta que essa obsessão, como as demais variedades, somente será sanada através da desobsessão, fluidoterapia e preces, com a indispensável reforma íntima por parte do obsedado. Concluindo com esta orientação: "Tratemos de fazer agora o melhor, que o pior do passado desaparecerá".

O vampirismo, objeto de profundo estudo na obra que estamos focalizando, não é, como muitos pensam, somente sugar as energias daqueles que se afinam com os vampirizadores, mas muito mais, daí a importância do livro desse extraordinário escritor que nos deixou 80 obras, algumas ainda não editadas, tratando de Filosofia, Ensaios, Histórias, Psicologia, Parapsicologia e Espiritismo, e que foi, na polêmica, o maior defensor da pureza da Doutrina Espírita em terras brasileiras, não só pela capacidade como também pela coragem e brilhantismo que sempre demonstrou na defesa dos princípios espíritas.

Existem casos de provas em que, dificilmente, a pessoa consegue afastar o obsessor, em virtude de que, houve um programa estabelecido no plano espiritual, antes de sua reencarnação, para que o obsedado servisse de orientador de um antigo desafeto, transmitindo-lhe os ensinamentos cristãos; neste caso, o obsidiado terá grande mérito se conseguir doutrinar o seu inimigo, transformando-o num homem de bem; este é o motivo pelo qual, apesar de tratar-se de uma pessoa evangelizada, não conseguir desligar-se de tal obsessor, porque não haverá intercessão de seus mentores no sentido de afastar o antagonista, porquanto este está sendo catequizado pelos exemplos da sua vítima; esta é uma tarefa que demanda, às vezes, muito tempo.

Em todos os casos, existe a Misericórdia Divina, pairando acima de nossas falsas interpretações a respeito dos acontecimentos que estão se desenrolando, pois ainda somos cegos aos ditames da espiritualidade superior, porque procuramos obter aquilo que desejamos e raríssimas vezes nos dispomos a ouvir o adversário em suas reivindicações. Nestas condições, os mentores espirituais irão avaliar a razão dos contendores e deixar que se cumpra aquilo que for o mais justo, isto é o que melhor convier aos litigantes, quanto ao aspecto positivo para ambos.

Em todo tipo de obsessão a cura somente será radical, quando o obsedado não oferecer condições vibratórias para a imantação fluídica do obsessor, e esta não acontecerá se houver uma transformação mental por parte daquele que é o alvo do perseguidor.

Vemos, portanto, que a receita é bem simples, basta-nos evangelizar.

24 — IDÉIAS EM TÓPICOS

Celso Martins

1.°) A intervenção dos Espíritos elevados nas sessões mediúnicas está na dependência estreita do grau moral dos assistentes. Um nível espiritual mais elevado nas mensagens mediúnicas se encontra, não raro, com o melhoramento moral das pessoas do nosso plano, porque é lógico pensar que as respostas aos chamados de cá se dão por entidades que têm afinidades com os assistentes às sessões. Será, com efeito, sempre verdade que um filósofo dará preferência a conversar com outros filósofos em vez de fazê-lo com ébrios. Fonte: **Remo Redi** em **Forces Spirituelles,** publicação de Arras, França, edição de abril-maio de 1969.

x—x—x—x—x

2.°) Nosso futuro está em nossas mãos e as nossas facilidades para o Bem se acrescentam na razão direta dos nossos esforços para realizá-lo. Toda vida nobre é pura, toda missão superior é o resultado de um imenso passado de lutas, de quedas, de vitórias entrelaçados sobre si mesmo, o coroamento de longos anos recolhidos, a acumulação dos frutos da ciência e dos anos recolhidos um a um no curso das idades. Cada faculdade brilhante, cada virtude sólida necessitou de múltiplas existências de trabalho obscuro, de combates violentos entre o espírito e a carne, a paixão e o dever. Para chegar ao talento, ao gênio, o pensamento tem de amadurecer lentamente através dos séculos. Fonte: **Oscar Alírio Moreno** em **La Conciencia,** revista de Buenos Aires, Argentina, edição de julho a setembro de 1971.

x—x—x—x—x

3.°) O movimento espírita precisa de idealismo. Sim, de verdadeiros idealistas, porque uma coisa é aceitar a comunicação dos Espíritos como fato comprovado, ou freqüentar reuniões espíritas e outra coisa bem diferente é

viver o Espiritismo como ideal. Nem todos os que aderem às idéias espíritas, por este ou aquele motivo, são capazes de vencer as comodidades ou as conveniências em benefício da Causa. Há muita gente, por exemplo, que poderia fazer muito na seara espírita, porque tem capacidade, conhece muito bem a Doutrina, dispõe de certos meios de ação. Mas não tem o ardor necessário para assumir uma posição de responsabilidade ostensiva em nosso movimento. Fonte: **Deolindo Amorim** em **O Semeador,** jornal da Federação Espírita do Estado de São Paulo, edição de julho de 1972.

x—x—x—x—x

4.°) Muitos pensam que o mediunismo seja sinônimo de Espiritismo. É certo que o intercâmbio com os desencarnados é fundamental em Doutrina Espírita, pois, foi através da comunicação com os chamados mortos que Kardec conseguiu dar ao nosso entendimento a compreensão de como é a vida do outro lado da própria vida. Porém, faz-se necessário entender que mediunidade não é o mesmo que Espiritismo. Fonte: **Maria Elizabeth** em **Rio Verde Espírita,** jornal de Rio Verde, Goiás, em sua edição de agosto de 1972.

x—x—x—x—x

5.°) Desde 1938 que a teoria de Holmberg tinha localizado 60 planetas em volta das estrelas, além do Sol. Mac Gowan chegou à conclusão de que 67% das estrelas de nossa galáxia são dotadas de planetas; 67% significa 130 bilhões, número colossal, praticamente infinito à nossa escala — mais de uma centena de bilhões. Se é assim, esta nossa galáxia está repleta de vida. Fonte: **Louis Pawels e Jacques Bergier** em **Planeta,** n.° 1 Ano 1, setembro de 1972.

x—x—x—x—x

6.°) Muitos pensam que a Doutrina Espírita é um meio para se curarem de suas enfermidades e por isso a procuram. Outros, por terem informações de estarem obsidiados, procuram-na para que fiquem livres do Espírito obsessor. Doutrina Espírita não dá cura de nenhuma enfermidade, como também não nos livra de nenhum obsessor. Ela nos mostra, isto sim, a causa das nossas dores, tanto quanto a causa das nossas obsessões, ensinando-nos que se nos moralizarmos acima do nível vibratório dos obsessores, eles não poderão atingir-nos, e que os nossos sofrimentos nada mais são do que reflexo de um passado cheio de erros e de maldades das mais horrendas e variadas, cabendo assim a cada um de nós pagar ou responder por este negro pretérito. Fonte: **José Floro** em **A Nova Era,** jornal de Franca, São Paulo, edição de setembro de 1972.

x—x—x—x—x

7.°) Constantemente estamos usando a palavra caridade. A maioria dos homens porém está muito imperfeita, ainda, para entender o seu significado completo ou então, para praticar o que o vocábulo determina. Fazer caridade não é só dar esmolas. Nem sempre isso resolve. Há necessidade de elevarmos nosso espírito até Deus, educando os sentimentos e levando generosidade aos nossos corações. Caridade é benevolência, é amor ao próximo, é espalhar benefícios. Há indivíduos com o título de caridosos e que, na verdade não o são. Fazer injustiça, guardar rancor, falar mal da vida alheia, ter orgulho e vaidades tolas, tudo isso é falta de caridade. Fonte: **Kléber Rocha** em seu livro **Folhas ao Vento.**

x—x—x—x—x

8.°) Há, já neste mundo de Cristo, um número verdadeiramente grande de homens que sabem dizer frases bonitas. Necessitamos agora de pessoas decentes e sensatas, que saibam produzir boas ações. Falar muito é coisa de pouca monta. O importante é obrar bem. O progresso do mundo decorre das ações que praticamos, e não das palavras que pronunciamos, ainda que essas palavras sejam ditas com a melhor das boas intenções. Muitos homens há que são bem intencionados e, no entanto, só produzem o mal. Fonte: **Isaú Almeida Lola** em seu livro **Lampejos Literários.**

x—x—x—x—x

9.°) O nascimento de Jesus ocorreu da mesma forma que ocorrem todos os nascimentos neste planeta, tendo sido o produto do casamento de José com Maria, podendo-se contudo dizer que nasceu de uma virgem, pois virgem era sua jovem genitora quando se consorciou com José. O fato de o Mestre ter reencarnado através do mecanismo sexual comum não é desdouro algum, dado que o sexo não é um mecanismo aviltante, mas sim a porta abençoada por onde as almas fazem ingresso na carne, para cumprimento do programa divino. As humanas criaturas, no seu apego à animalidade, é que desvirtuaram tudo, ultrapassando as normas divinas que, a bem da nossa felicidade, deveriam ser escrupulosamente respeitadas. Fonte: **Isaac Marques** em **Fraternidade,** revista de Lisboa, Portugal, edição de junho de 1972.

x—x—x—x—x

10.º) Que importa crer na existência dos Espíritos, se essa crença não faz aquele que a tem se torne melhor... Mais benigno e indulgente para com os seus semelhantes... Mais humilde e mais paciente na adversidade? De que vale ao avarento ser espírita, se continua avarento? Ao orgulhoso, se se conserva cheio de si? Ao invejoso, se permanece dominado pela inveja? Assim, poderiam todos os homens acreditar nas manifestações espíritas e a Humanidade permanecer estacionária. Fonte: **Allan Kardec** em **O Livro dos Médiuns,** edição da FEB.

x—x—x—x—x

11.º) Kardec indagou ao plano espiritual se os animais têm linguagem. Livro dos Espíritos, pergunta n.º 594. Obteve, então, este esclarecimento: Se pensais numa linguagem formada de palavras e de sílabas, não; mas num meio de se comunicarem entre si, então, sim. Eles se dizem muito mais coisas do que supondes, mas a sua inteligência é limitada, como as próprias idéias, às suas necessidades.

Em suas **Memórias de Antropologia,** Broca afirma: "Como poderíamos pretender que só o homem possua a faculdade da linguagem e que a mesma falte aos animais? É preciso ser cego para não ver que os animais possuem meios de comunicar as suas idéias, meios que, embora diversos dos empregados pelo homem, nem por isso deixam de constituir formas distintas de linguagem. Para citar apenas um exemplo, a ninguém é lícito duvidar que as formigas tenham um modo especial de conversar e entender-se, sinais particulares, uma como que datilografia especial, da qual constantemente se utilizam e que parece constituir em toques variados das suas antenas... Se os animais não tivessem uma linguagem própria, como poderiam educar os filhos? Possuem os animais uma linguagem particular por meio da qual se comunicam, linguagem que não compreendemos como também eles não compreendem **a nossa.**"

Bem, lida a explicação do cientista Broca, que reafirma o que aprendemos antes em Kardec, passemos a um exemplo concreto disto tudo, que acabamos de ver acima.

Depois de trabalhar por mais de dez anos no Laboratório Biológico de Sonar, em Fremont, na Califórnia (logo, Estados Unidos da América), o Dr. Thomas C. Poulter, que se dedica há meio século ao estudo dos **sons produzidos pelos mamíferos marinhos,** afirmou que eles não somente **têm o seu próprio idioma,** como também são capazes de usar **dialetos** para comunicar-se com variedades da mesma espécie que, todavia, **utilizam linguagem diferente!**

O referido zoólogo norte-americano relatou uma interessante experiência. Um leão marinho, habitante dos mares de Guadalupe (Oceano Pacífico), perfeitamente identificado por umas cicatrizes, nadou até à zona da Ilha do Novo Mundo, muito ao norte, em frente às costas da Califórnia, com o firme propósito de ali estabelecer um **harém.** Com equipamentos acústicos apropriados, verificou-se que o animal tudo fez para se dar a conhecer a seus novos companheiros, para os quais emitia os **grunhidos** típicos de sua espécie, mas em um tom um tanto mais baixo do que aquele característico dos leões-marinhos de Guadalupe. Ora, uma vez conseguido o contato social, o animal voltou ao tom mais alto, próprio de sua região. Quer dizer, o animal tornou-se desde então **bilíngue,** expressando-se tanto em seu **linguajar** como no **linguajar** dos novos companheiros!

Outra experiência demonstrou que leões-marinhos cegos velozmente localizavam suas presas, emitindo uma série de silvos agudos, cujos ecos determinavam com incrível exatidão não só o tamanho mas também a posição das referidas presas.

Vejamos outro exemplo.

Por uma série de pacientes experimentos, Von Butel-Reepen chegou à conclusão de que as abelhas se entendem por sons especiais, sons que os apicultores sabem distinguir em meio ao bulício da incessante faina do apiário, conforme as circunstâncias. Por isso mesmo, o naturalista Bouvier já afirmava: Quem poderia crer que estas manifestações sonoras se produzem em pura perda? Sem dúvida, elas nos parecem como estreitamente ligadas aos estados psicológicos das abelhas, aos atos mais importantes de sua vida social, possuindo influência decisiva sobre estes atos.

Observações bem conduzidas sobre o comportamento dos animais na ciência moderna chamada de Psicobiologia demonstram que nos animais há uma forma de comunicação entre os companheiros. Chegam a existir inclusive formas admiráveis de solidariedade: Um tropeiro viajava por uma estrada quando seus olhos descobriram dois ratos que caminhavam um ao lado do outro, levando uma palha os dois. Teve a idéia de matá-los usando o bordão que levava. O primeiro atingido pelo golpe foge não sem primeiramente dar demonstração de desespero. Vai para o outro que fica parado, um tanto admirado de que se não tenha posto também em fuga. Verifica que sua imobilidade era por ser cego. O outro lhe servia de guia.

25 — MEDIUNIDADE: SINTONIA E INTERPRETAÇÃO

Antonio F. Rodrigues

"É por isso que apesar de diversos Espíritos se comunicarem através do médium, os ditados por ele recebidos trazem sempre o cunho pessoal do médium, quanto à forma e o estilo". — O Livro dos Médiuns — Questão 225.

Recentemente lêmos uma página transmitida por André Luiz a uma médium, que não possuía aquela riqueza vocabular que encontramos nas do mesmo autor psicografadas pelo Chico Xavier, embora os conceitos expostos fossem edificantes. Seria outro André Luiz ou o nome fora utilizado indevidamente?

É claro que não podemos garantir qual dessas opções é a verdadeira, mas diante do que nós encontramos, não só dito pelo próprio André Luiz (No Mundo Maior, cap. 9), como também por Allan Kardec (LM, cap. XIX), não devemos tachar de mistificação, aquilo que na realidade é despreparo intelectual do médium. É por isso que as afirmações do codificador são muito oportunas, quando ele diz que o que importa é o conteúdo da mensagem e não o nome de quem a subscreve. No caso em foco, a mensagem é boa e é isso que interessa. É natural que um Espírito tenha preferência pelo médium que dispõe de mais recursos (LM-223, 19), mas quando esse medianeiro não se encontra no local em que ele pretende se comunicar, utiliza-se daquele que dispõe no momento. Assim sendo, não devemos criticar as mensagens que nos despertam dúvidas, considerando-as falsas, quanto à sua autoria, porque seria o mesmo que criticarmos uma criança que transmite um recado verbal, porque não utilizou todas as palavras que lhe dissemos. O ideal seria que o recado fosse levado por um adulto que dispusesse de facilidades de comunicação, mas quando isso é impossível, só nos resta lançar mão da criança inexperiente.

Além da condição intelectual, não podemos esquecer da sintonia, indispensável para uma boa comunicação. Este detalhe é importantíssimo, conforme vemos no citado livro de André Luiz. E essa afinidade muitas vezes requer tempo. O Irmão Jacob (Voltei, cap. I), reclamava de seu mentor, a demora para se comunicar através do Chico, quando ele lhe lembrou que André Luiz esperara 700 dias para iniciar a divulgação da série iniciada com o livro "Nosso Lar". E ainda aí, o Chico teve que ser levado (em desdobramento) a essa colônia espiritual, para que ele se convencesse da realidade dessa cidade, pois julgava-a fictícia. Aliás, os romances de Emmanuel que ele psicografou, também, primeiramente, foram criados mentalmente pelo autor espiritual, para que o médium pudesse melhor grafá-los no papel. Yvonne A. Pereira (Devassando o Invisível, cap. 5), também diz o mesmo.

Sendo o Chico Xavier um médium extraordinário, como também o são Divaldo P. Franco, Yvonne A. Pereira e Zilda Gama, para citar alguns, há filas de Espíritos aguardando a oportunidade de escrever os seus livros e mensagens através desse médium. Houve um Espírito, uma celebridade nas letras brasileiras, que desejava escrever um livro por intermédio do médium uberabense, mas desistiu quando soube dessas dificuldades: tempo e sintonia.

Alegar que a inteligência é desnecessária, porque um médium analfabeto pode fazer belos discursos, como o fazia Aristides de Oliveira (Eurípedes Barsanulfo O Apóstolo da Caridade, cap. 3, de Jorge Rizzini), é ignorar que ele foi um tribuno em reencarnações anteriores, sem o que ele não poderia emocionar uma platéia, como o fazia. As aquisições anteriores não se perdem, ficam nos arquivos do subconsciente, enquanto se desenvolvem outras aptidões, a humildade, por exemplo (LM-223.23).

É bom lembrar que médiuns excepcionais para a prosa, nem sempre o são para a poesia; assim como os que se prestam para a pintura, nem sempre escrevem música; e os que se dedicam à música, nem sempre psicografam obras literárias. É por isso que vemos a escassez de médiuns de alta categoria, e mais difícil ainda encontrar um que seja completo, isto é, que escreva, que pinte, que componha música etc. Porque um médium dessa categoria terá que ser um gênio que domine ou dominou essas conquistas em outras reencarnações. E isso são afirmações categóricas, não só dos novos reveladores, como também do codificador do Espiritismo, nosso mestre Allan Kardec.

26 — VELÓRIO

Antonio F. Rodrigues

"Por enquanto, os enterros muito concorridos impõem grandes perturbações à alma". — Irmão Jacob — Voltei, pág. 61.

Muitos livros falam da desencarnação, mas poucos tratam do velório, ou seja, do antigo costume de comparecer-se à casa daquele que deixa as vestes carnais, antes de seu corpo baixar à tumba. É necessário, portanto, prestar mais esclarecimentos sobre tão magno assunto, devido à ignorância que ainda existe sobre o mesmo, inclusive nos meios espíritas, por parte daqueles que não gostam de ler.

Muito se fala em caridade, mas, infelizmente, sempre há pessoas que comparecem aos velórios, mais para manter discussões sobre futilidades do que realmente ajudar o falecido e seus familiares, nesse momento crucial de suas vidas. Recordemos André Luiz: "Eu aprendera que as câmaras mortuárias não devem ser pontos de referência à vida social, mas recintos consagrados à oração e ao silêncio".

Quando os familiares, por não acreditarem na imortalidade da alma, desesperam-se, o recém-desencarnante muito sofre, dificultando, inclusive, o rompimento do cordão fluídico que liga o corpo ao perispírito, conforme nos diz o mesmo autor: "cada vez que os parentes se debruçam, em pranto, sobre os despojos, é chamado (o Espírito) ao cadáver, com prejuízo para a restauração mais rápida". Esses corações angustiados, em vez de colaborarem com o ente querido, que parte para a vida maior, aprisionam-no "num redemoinho de energias desconhecidas, mais furiosas que as do vento forte". (Voltei, pág. 50). É por isso que André Luiz recomenda que não se deve convidar muitas pessoas para o velório, limitando-se aos familiares e aos que demonstrem equilíbrio e moderação no falar. Aliás, o ideal, segundo esse admirável escritor, é que não haja velório, deixando o corpo do falecido na cama até a hora do sepultamento, ocasião em que será conduzido ao cemitério apenas pelos familiares. Tal procedimento poderá causar comentários desagradáveis, mas como "a boca do povo é como a boca da noite, ninguém consegue fechar", como diz Emmanuel, deixemos que falem, contanto que façamos o melhor para os nossos entes queridos que partem para a outra dimensão da vida.

Humberto de Campos (Espírito), também nos ensina que muita aglomeração no sepultamento causa problemas ao desencarnante, daí afirmar que o dia de finados é o pior dia para a inumação, devido às vibrações negativas causadas pela grande quantidade de encarnados e desencarnados que comparecem à Necrópole. "É por isso que, — diz André Luiz — por enquanto, os mortos que entregam despojos aos solitários necrotérios da indigência são muito mais felizes".

É claro que o ideal seria que houvesse grande comparecimento, seja ao velório, seja ao enterro, contanto que todos estivessem vibrando homogeneamente em favor do desencarnante, mas como isso é impossível, por enquanto, pois a maioria ainda se compraz em apontar defeitos, lembrar deslizes, alimentar paixões e discutir questiúnculas, é natural que poucos conversem sobre assuntos edificantes ou vibrem em benefício dos recém-desencarnados. Assim sendo, portanto, a melhor opção é convidarmos somente os familiares, a fim de que não aconteça o que o Irmão Jacob desejava fazer quando teve que enfrentar esse fatal acontecimento de nossas vidas terrenas (o desencarne), conforme ele assevera: "Que desejo experimentei de materializar-me diante de todos, rogando a esmola da oração sincera!" Os que estavam velando o seu corpo compraziam-se em discutir futilidades ou espezinhar a vida alheia. Que vexame seria para esses estouvados, caso o desejo do Jacob se concretizasse!...

BIBLIOGRAFIA :

OBREIROS DA VIDA ETERNA — André Luiz, médium Chico Xavier, edição FEB.

VOLTEI — Irmão Jacob, mesmo médium, mesma editora.

VELÓRIO — Autores diversos, edição do Instituto Maria (Juiz de Fora — MG).

CARTAS E CRÔNICAS — Irmão X, médium Chico Xavier, edição FEB.

27 — ESTUDANDO AS OBRAS ESPÍRITAS

Celso Martins

Um dos mais graves problemas com que se defronta o movimento espírita no Brasil (pesa-me muito dizê-lo) é justamente a falta de estudo criterioso, metódico, reflexivo das obras básicas de Allan Kardec! Nossos centros ficam literalmente lotados nas sessões de caráter mediúnico porque, na verdade, os fenômenos, mais que isto, a possibilidade de obter alguma coisa do Plano Espiritual, tudo isso consegue atrair as massas populares como o mel atrai a mosca. Geralmente, salvo honrosas exceções, todos querem ouvir um conselho sobre um assunto de ordem material, querem tomar um passe, beber água fluidificada, ver-se livre de uma perturbação e coisas assim... Mas... nas reuniões de estudos sérios, nos encontros para a leitura e a interpretação do Livro dos Espíritos ou do Evangelho Segundo o Espiritismo ou ainda do Livro dos Médiuns, aí então podemos contar nos dedos, salvo — repito — honrosas exceções — o número dos assistentes, não raro o mesmo grupinho de sempre!

Em decorrência disto, resultam desagradáveis conseqüências não só para o indivíduo mas também para o próprio movimento espírita. A Doutrina Consoladora não se restringe unicamente à produção de fatos mediúnicos, não! Para o espírita consciente, o mediunismo é um meio, é uma ferramenta de trabalho, porém não é o objetivo final do Espiritismo, não. O mediunismo, nunca será demais repetir isto, é o meio mais eficiente para demonstrar a existência do mundo espiritual e as relações que se estabelecem entre os mortos (desencarnados) e os vivos (encarnados). Todavia, a finalidade maior do Espiritismo, o fim supremo a que ele se destina é justamente a **reforma moral** das criaturas. Quer dizer, é o esclarecimento do Espírito, quer esteja encarnado ou não. É a sua purificação mediante a purificação de seus sentimentos como a que se consegue combatendo o orgulho, combatendo a vaidade, o egoísmo, como a que se obtém através da prática espontânea e constante das virtudes evangélicas, à frente das quais se destaca a Caridade.

Tudo isso se consegue estudando detidamente as obras básicas de Kardec e aqueloutras que lhe são imediatamente subsidiárias. Há necessidade de debates e de encontros, de estudos e mesmo cursos regulares para a disseminação e melhor compreensão dos postulados espíritas em termos de esclarecimento nacional. E isto, notemos bem! — sem nenhum laivos de salvacionismo ou de catequese!

Por falta deste estudo, muita gente confunde o Espiritismo com o simples mediunismo! Vai daí a prática de atos ritualísticos (uso de velas, de defumadores, de cantos exóticos, de vestimentas especiais, de fórmulas secretas, de preces cabalísticas, de orientações astrológicas...) que em absoluto **nada tem que ver com a pureza doutrinária do Espiritismo.** Vai daí a crença em superstições que não encontram guarida no seio do corpo doutrinário do Espiritismo. Vai daí enfim a permanência da criatura (tanto encarnada como desencarnada) nas teias da ignorância, nas malhas das crendices, nos atalhos da ilusão e o Espiritismo sendo considerado aprioristicamente uma terrível mixórdia de cultos primitivistas, de práticas fetichistas quando em verdade é uma doutrina altamente filosófica, espiritualista e espiritualizante, demonstrada cientificamente porque tem bases científicas e com implicações de ordem moral capaz de trazer nova luz para o nosso entendimento e muita paz para os nossos corações!

A propósito, vale registrar aqui uma conversa que tive há tempos com um amigo. Foi mais ou menos assim o nosso diálogo :

— Quer dizer que o senhor é Espírita Kardecista? — declarou certo amigo meu, a certa altura de uma longa palestra que travávamos animadamente.

— Não é bem assim. Eu só sou Espírita. Não sou Kadecista, não.

— Ah!... Já sei O senhor então é umbandista? — concluiu logo o amigo sorridente.

— Nada disso. Eu não sou umbandista, não. Já disse, sou Espírita. Espírita e nada mais.

— Então agora eu é que não entendo mais nada. Os espíritas ou são Kardecistas ou são umbandistas. Ou será que existem outros grupos que eu ainda não conheço? — comentou ele desolado.

Ao que eu então passei a explicar clara, objetiva e calmamente. — Olhe, não há nada na Doutrina Espírita que autorize a dividir os espíritas em dois, em três ou mais grupos distintos. A criatura ou é Espírita ou não é Espírita. Assim sendo, Umbandismo é uma coisa e Espiritismo é outra, muito diferente. A Umbanda por exemplo se formou por um processo que em Sociologia se chama de sincretismo religioso. O dicionário nos ensina que, do ponto de vista filosófico, sincretismo é exatamente o sistema que combina princípios de diversos outros sistemas constituindo uma amálgama, isto é, uma mistura de concepções diversas. Um exemplo tirado à História das Religiões pode aclarar a questão. O Catolicismo durante a Idade Medieval recebeu a contribuição sincrética de crenças filosóficas de pensadores e de escolas gregas do Platonismo, do Néo-Platonismo, do Estoicismo, etc...; de certos princípios morais e de elementos históricos do povo judeu e dos cultos do Orfismo e do Oriente. Em virtude desta interação, ainda hoje o Catolicismo apresenta aspectos sincréticos como por exemplo as vestes paramentais de seus sacerdotes, a tonsura, o batismo pela água, que vem das práticas religiosas gregas em louvor à deusa Cotito, as imagens, as procissões, a vinda de um Messias a partir de uma virgem, etc... A própria festa de Natal tem raízes pagãs e foi incorporada ao Cristianismo pela Igreja por um processo sincrético.

Evidentemente não vai aqui nenhuma crítica maldosa aos nossos irmãos católicos com tais apreciações de caráter histórico. O próprio Jesus nos dizia que é preciso colocar o fermento em contato com a massa para levedá-la inteiramente. Historicamente a massa do paganismo só poderia ser levedada pelo fermento do Evangelho se este se misturasse com ela graças, por exemplo, ao trabalho de um Paulo de Tarso levando a mensagem cristã aos chamados gentios. O fermento do Evangelho se misturou assim com a farinha da cultura da época. Há quem diga que o Espiritismo hoje em dia seja um outro exemplo de sincretismo religioso. Mas quem pensa assim, pensa errado. Não sei se você sabia, mas o sociólogo francês Halley

Chatelain fez pesquisas na Africa sobre as religiões primitivas que o tráfico negreiro trouxe para o Brasil; e apurou que tais religiões primitivas já vieram para cá misturadas com duas religiões superiores: o Islamismo e o Catolicismo. A invasão islâmica na África e a catequese católica infiltraram nas religiões do chamado Continente Negro os seus elementos religiosos muito antes de que elas se transferissem para o Brasil.

— Mas o Islamismo também? — estranhou o meu amigo.

— Sim, o Maometanismo também. Você quer um exemplo? Repare no uso dos turbantes. Sim, tal uso veio da Índia através dos maometanos que durante séculos dominaram a África, entendeu?

Quero acrescentar que o fenômeno sincrético religioso afro-brasileiro entre os cultos africanos e o Catolicismo do Brasil colonial teve início no século 16, com a vinda dos primeiros negros para a Bahia. Desenvolveu-se lentamente nos séculos seguintes na total ausência do Espiritismo que aqui só chegou (a Codificação Kardeciana teve início com a publicação do Livro dos Espíritos em 1857) pelo fim do século 19 e mesmo assim ficou a princípio restrito às camadas mais cultas pois os livros do Codificador estavam escritos em francês, só mais tarde traduzidos para o nosso idioma. Portanto, o Espiritismo nada tem a ver com o sincretismo afro-brasileiro nem com a Umbanda. Evidentemente com isso não quero dizer não tenha eu, particularmente todo respeito para com esta seita; e todo amor para com os seus adeptos que, afinal de contas, são nossos irmãos em nome de Deus e, diante da Lei de Deus e das leis de nosso país, têm a liberdade de seguir esta ou aquela religião. Mas — Umbanda é uma coisa e Espiritismo é outra, bem diferente.

— Mas eles, os umbandistas, também praticam a mediunidade — objetou o meu amigo.

— E daí? O mediunismo não é exclusividade do Espiritismo, não! Nem do Umbandismo. O fato mediúnico aparece em todas as religiões e até mesmo em meios não religiosos. Logo, embora o mediunismo seja comum à Umbanda e ao Espiritismo, isso não quer dizer sejam a mesma coisa. O Espiritismo é uma doutrina filosófica, espiritualista, de bases científicas comprovadas e com conseqüências morais ou religiosas.

— E esta doutrina não foi fundada pelo senhor Allan Kardec? — interrompeu-me de novo o amigo; assim sendo, se foi ele que a fundou, e se segue você esta doutrina, então você é Kardecista... Você é Espírita Kardecista.

— Nada mais falso, meu irmão... Nada mais errado... Kardec em absoluto fundou religião ou doutrina alguma. O Espiritismo não foi de modo algum uma criação, uma invenção ou mesmo uma descoberta de Kardec. Ele apenas **codificou,** quero dizer, ele apenas organizou, deu organização lógica, estrutura didática, corporificou, deu corpo a uma doutrina que, a rigor, é dos Espíritos. Você poderá dizer se quiser, Codificação Kardeciana, Codificação de Allan Kardec, se referindo assim ao trabalho que ele teve de organizá-la, de corporificá-la lançando as chamadas obras básicas, dirigindo as pesquisas da Sociedade Parisiense de Estudos Espíritas, dirigindo a publicação mensal da Revista Espírita, enfim, estudando os fenômenos mediúnicos com critério de um cientista e deles tirando as conclusões de ordem sobretudo moral.

— Ah... Então Espiritismo não é o mesmo que Kardecismo, não? exclamou ele.

— Não. Rigorosamente falando, não. Não sou, como vê você, Kardecista... Sou apenas Espírita. A palavra já diz tudo. É perfeitamente dispensável o adjetivo (Kardecista) que aí está empregado erradamente.

— Mas você sabe que por este imenso Brasil, muita gente pensa como eu pensava antes de ouvir esta sua explicação?

— Sim, eu sei disso. Até mesmo nos meios oficiais há esta confusão dizendo-se Espiritismo Kardecista para diferençar de Espiritismo Umbandista, o que não corresponde à realidade doutrinária. E para dirimir tais dúvidas, creio que os escritores, os jornalistas, os oradores, os conferencistas, os presidentes de centros espíritas que militam ativamente em nosso meio deveriam frisar em seus escritos e em suas oratórias, o verdadeiro significado das palavras para evitar tanta deturpação em torno do assunto, às vezes sendo a confusão feita de boa-fé, por ignorância; outras vezes com visível má-fé, para desfigurar a imagem do que de fato é a Doutrina Espírita. Daí a necessidade imperiosa do seu estudo, estudando-se sempre e cada vez mais as obras de Allan Kardec.

Nota da Editora: Mais detalhes no livro **O Espiritismo e as Doutrinas Espiritualistas** do jornalista Deolindo Amorim. E também no livro **Umbanda em Julgamento,** de Alfredo d'Alcântara.

28 — EUTANÁSIA, UM CRIME ADOTADO

Antônio F. Rodrigues

"— Examinando essa criança sofredora como enigma sem solução — diz o assistente Calderaro —, alguns médicos insensatos da Terra se lembrarão talvez da "morte suave"; ignoram que, entre as paredes deste lar modesto, o Médico Divino, utilizando um corpo incurável e o amor, até o sacrifício, de um coração materno, restitui o equilíbrio a espíritos eternos, a fim de que sobre as ruínas do passado possam irmanar-se para gloriosos destinos."

André Luiz — "No Mundo Maior", pág. 107, médium Francisco C. Xavier, edição FEB.

Dizem que os Espartanos matavam as crianças aleijadas, porque além de serem inúteis, desejavam aperfeiçoar a espécie, criando homens fortes e perfeitos. As peças defeituosas, diziam, devem ser destruídas, para que haja homogeneidade. Eles não acreditavam na metempsicose pregada por Pitágoras, da vizinha Grécia (VI a.C.). A metempsicose admite a reencarnação de seres racionais em corpos de irracionais, como castigo, diferindo nisto da reencarnação, que não admite retrocesso espiritual.

Hoje, apesar de estarmos no século dos computadores e das naves espaciais, ainda se pratica esse crime, embora disfarçado como benemerência para com uma pessoa de mal irrecuperável. É o denominado "chá da meia noite". É claro que são casos raros, mas ainda existem pessoas frias de sentimento, que se livram de crianças defeituosas sem nenhum escrúpulo. Quantos recém-nascidos deficientes não são sacrificados, nas horas silenciosas da noite, antes mesmo de terem um nome! Mas é bom frisar: são pessoas que não acreditam na existência do Espírito; morreu, acabou!

André Luiz, no livro citado, fala de uma mãe que tem um filho paralítico de nascença; que não fala, não anda, não chega a sentar-se, vê muito mal e tem pouca audição. Essa foi a espécie de corpo que um Espírito muito endividado para com a Lei Maior escolheu, para completar a cura da alma, em vista dos crimes cometidos. "Há quase dois séculos, decretou a morte de muitos compatriotas numa insurreição civil." (Obra citada, pág. 98) Uma falange obsessora torturou-o quase dois séculos, reduzindo-se com o passar dos anos, até que uma alma caridosa compadeceu-se daquela criatura infeliz e recebeu-o como filho. Não obstante ela não se recordar de qualquer compromisso nesse sentido, ela o assumira antes de reencarnar e procurava levá-lo a bom termo, com muito amor e carinho, certa de que se Deus lhe dera essa cruz, era necessário carregá-la sem se lamentar. Era natural que ela sofresse com essa frustração, pois suas colegas tinham filhos belos e saudáveis, enquanto que ela fora contemplada com uma espécie de "monstrinho", tais eram as suas deficiências e fealdade. Além disso a criança sofria terrível assédio de dois Espíritos que ainda persistiam em torturá-la, envolvendo-a em fluidos que lhe causavam muitos sofrimentos. Mas se essa abnegada mulher não lhe desse a oportunidade reencarnatória, muito mais difícil seria a reabilitação física e psíquica, daí a importância do renascimento.

Com a intervenção de bondosos Espíritos, a pouco e pouco os benefícios foram atingindo também os obsessores que restavam, e os problemas foram sendo abrandados, mesmo porque os remanescentes reencarnariam no mesmo lar e, portanto, extinguir-se-ia a obsessão. No entanto, se essa criança fosse rejeitada, com a sua eliminação, todos os problemas agravar-se-iam com o envolvimento de mais comparsas, os criminosos que participassem desse drama, inclusive a mãe em perspectiva.

Por esse relato, vemos que uma simples eutanásia poderá criar problemas seríssimos, que poderão levar dezenas ou centenas de anos para serem solucionados, tantas serão as pessoas envolvidas. Portanto, uma aparente atitude benemérita, a pretexto de aliviar os sofrimentos de alguém, seja qual for a doença ou deficiência que ela possa ter, não deve ser resolvida dessa forma, mas sim enfrentando o problema com estoicismo, procurando reduzí-lo com amor e paciência, pois nada acontece sem que Deus tome conhecimento. E Ele sempre nos dá o melhor, embora nem sempre compreendamos as Suas decisões.

29 — UM CASO DE ESQUIZOFRENIA

Antônio F. Rodrigues

"Aquele homem deveria estar duelando consigo mesmo, desde muitos anos."
André Luiz — No Mundo Maior, cap. 12, médium Francisco C. Xavier, Edição FEB.

O mundo é um grande palco, onde os atores encenam os seus dramas, só que não são fictícios, mas reais. Os temas variam ao infinito, como infinitas são as alegrias e as tristezas que dominam os 4,5 bilhões de participantes do teatro terrícola, além dos 20 bilhões de Espíritos que ficam atrás dos bastidores, como diretores, contra-regras, técnicos de som e de luz etc. Todos estão, encarnados e desencarnados, participando dessa movimentada peça chamada VIDA.

As cenas variam de local para local, neste imenso palco: aqui, são os casos amorosos; ali, de intrigas; acolá de negociatas; além, de crimes, roubos, corrupção, etc. Poucos, porém, de benemerência, de amor, de consolação, de piedade... E é natural, pois estamos num mundo de Espíritos imperfeitos.

Muitos, diante daquilo que vêem, perguntam, que mundo é este?

E a resposta é óbvia: de expiação e provas, onde no entrechocar das paixões e dos crimes, a humanidade vai amadurecendo.

André Luiz nos ensina que, o mau é corrigido pelo mau. Jesus adverte: "É necessário que haja escândalo, mas ai daquele pelo qual venha o escândalo."

É por isso que não devemos estranhar os acontecimentos que nos atingem, pois se aqui estamos, é porque somos cúmplices dos desvarios que dominam estas plagas.

O autor citado, em seus livros, nos conta os casos mais intrincados, que os benfeitores espirituais procuram solucionar ou pelo menos amenizar, tais são as dificuldades que enfrentam, tendo em vista as origens "cármicas" que os envolvem. Vamos sintetizar um desses dramas pungentes, que intitulamos: Um caso de esquizofrenia. (Obra e capítulo mencionado).

Trata-se de um caso de apropriação indébita de grande herança, praticada por uma pessoa que lesa seus irmãos menores. O irmão mais velho promete ao pai moribundo amparar os irmãos menores, repartindo a herança com eqüidade; no entanto, vendo-se só, como inventariante, vale-se de rábulas, sem escrúpulos, e apodera-se de todo o patrimônio deixado pelo pai, lançando os irmãos à penúria.

Enquanto novo, procurou se livrar dos remorsos, gastando fortunas em divertimentos e prazeres de todas as espécies, mas conforme a velhice foi chegando, mais foi acentuando o braseiro que se localizara em sua mente. Quando compreendeu que somente procurando os irmãos, para restituir-lhes o que era de direito, é que poderia apagar essas chamas devoradoras, ficou sabendo que era impossível; os irmãos tinham desencarnado, um por avitaminose e os outros por tuberculose, causadas pela subnutrição.

As cenas dos meninos junto ao pai agonizante, repetiam-se como se fosse um vídeo-tape interminável, levando-o a crises constantes, transformando a sua vida num verdadeiro "inferno".

Como a esposa e filhos eram credores do amparo celestial, o plano maior determinou a morte do esquizofrênico, antes da chegada do eclipse total da razão.

Muitos pensam enganar os outros, mas na realidade estão enganando a si mesmos, diz Emmanuel. O caso em foco demonstra a inutilidade dos artifícios empregados por muitas pessoas que se julgam espertas, mas que na realidade escapam, apenas, da justiça dos homens, mas, fatalmente, serão alcançadas pela Justiça Divina. Poderão passar anos ou milênios, mas o tribunal da consciência condenará, inapelavelmente, o que se desvia do reto caminho.

Outra advertência encontramos nessa história, a de que devemos ressarcir o credor, enquanto estivermos encarnados, porquanto, após o desencarne, o reencontro será quase impossível, dado os planos diferentes em que seremos localizados. Em se tratando de questões materiais, mais difícil será a indenização, pois na aduana da morte, todos os nossos bens serão confiscados, com exceção das conquistas espirituais.

30 — NA ROTA DO ANO 2.000

Celso Martins

Um idioma planejado por um médico polonês (L. L. Zamenhof), em 1887, vem se destacando sobremaneira como a solução racional ao desafio da comunicação entre estrangeiros. Trata-se do ESPERANTO, a Língua Internacional. Com efeito, a literatura esperantista é já muito rica, abrangendo os campos filosóficos, científicos, religiosos, artísticos, técnicos em geral, além de contar com várias dezenas de jornais e revistas, com circulação mundial.

1.°) Por que aprender o Esperanto ?

Porque a evolução dos meios de comunicação, ante o século XXI, anulando as distâncias, está multiplicando os contatos humanos. Somos, como já reconheceu Mc Luhan o Papa da Comunicação, "uma aldeia global". E aí o Esperanto é a solução prática e objetiva que atende às necessidades do homem moderno nestes contatos internacionais. O escritor patrício Medeiros e Albuquerque já dissera: "A Torre de Babel caiu. Mas a torre dos sonhos bons, o farol de cujo cimo hão de se poder iluminar todos os povos do mundo, há-de elevar-se até o mais alto dos céus, pedra a pedra, firme e seguramente. E essa torre de sonhos bons, esse farol é o Esperanto".

2.°) Por que não aprender uma língua nacional mais difundida ?

Porque as línguas nacionais são difíceis de se aprender devido à ortografia, à pronúncia e a outras irregularidades de gramática. Pela prática sabemos que uma coisa é conhecer uma língua para simples leitura e outra é dominá-la para uma palestra. Devemos por isso mesmo escolher uma língua fácil para todos e que possa ser aprendida por todos sem grande perda de tempo. Esta língua já existe; chama-se Esperanto. Sua gramática se forma de apenas 16 regras sem exceção. Nela, cada letra apresenta um único som. E cada som corresponde invariavelmente a uma única letra. Na opinião do nosso famoso poeta Olavo Bilac, o Esperanto é simples, harmonioso e dúctil.

3.º) Mas e o inglês? Já não é ele o idioma internacional?

Sem dúvida, o inglês é bastante difundido na atualidade e é muito útil, sobretudo para os que o falam desde o seu nascimento e que são os únicos a dominá-lo. Mas estas criaturas constituem apenas 10% da população mundial! Os outros 90% dos homens estão procurando resposta para o problema da língua internacional. Tanto que a ONU e a UNESCO aumentam o número de línguas oficiais e de trabalho, gastando nisto uma verdadeira fortuna em traduções e versões.

4.º) Pretende o Esperanto substituir os idiomas nacionais?

Em absoluto. O Esperanto não é uma língua nacional que tente desempenhar um papel supranacional. Não. Ele inclusive defende a tese de que cada povo use o seu idioma, conserve suas tradições literárias, mantenha-se fiel às suas raízes históricas. E lance mão do Esperanto quando vier a pôr-se em contato com outros povos de idiomas diferentes.

Dando apoio moral e sobretudo editorial ao Esperanto, a Federação Espírita Brasileira, desde 1940, está contribuindo decisivamente para o advento de um mundo de paz, de compreensão, de real fraternidade.

Falando no Guild Hall, em Londres, em 1907, já proclamava Zamenhof:

"O objetivo de todos os homens deveria ser: criar uma Humanidade harmoniosa."

De fato, o autor da Língua Auxiliar Internacional experimentou, ainda criança, em sua cidade natal, o ódio entre as criaturas por causa da diversidade linguística. Uma vez rapazola preocupou-se seriamente com este problema e seus estudos o conduziram à criação do Esperanto e à sua difusão em 1887. Mais alguns anos e estaremos todos festejando o seu centenário!

Infelizmente, Zamenhof não conseguiu ver frutificar plenamente a árvore que plantara e regara com sangue, suor e lágrimas ao longo de sua existência corpórea. Pelo contrário, vivenciando as tragédias da primeira Grande Guerra, desencarnou em 1917 como vítima, senão direta, ao menos indireta de tal estado de coisas. Seu compassivo coração, coração de um autêntico benfeitor da Humanidade, que tanto pulsou no sentido da melhoria das relações internacionais, finalmente não pôde suportar tais embates da miséria humana.

Muita gente, esta a verdade, sabe que Zamenhof foi genial pioneiro no terreno da Lingüística; poucos, porém, o conhecem como um profundo pensador, um autêntico sábio, um legítimo filósofo que esforçadamente aprontou e apontou um caminho prático, uma estrada transitável para um mundo de paz, no futuro, para toda a Humanidade. Semelhante destino digno da raça humana ele esperava atingir não apenas através da língua que genialmente criou, mas também pela vivência de princípios éticos supra-religiosos de uma Verdade Eterna e de um Amor sem limites.

Desta maneira, o modesto médico se fez o criador do Esperantismo, o idealista do movimento esperantista, em sua idéia interna, também considerada por outro nome, ou seja, **Homaranismo**, estudado recentemente a fundo pelo confrade Délio Pereira de Souza, em publicação de certa forma bilíngüe editada pela **Spirita Eldona Societo Francisco Valdomiro Lorenz** (C.P. 3133 — Rio de Janeiro — RJ.

Hector Hodler, filho do famoso pintor suíço, com razão afirmou:

"Permaneçamos com persistência fiéis ao ideal de compreensão entre os povos, ideal de tolerância, que Zamenhof sempre considerou ligado intimamente ao Esperanto como língua".

Quer dizer, o ideal de entendimento muito acima de possíveis barreiras raciais ou lingüísticas, de diferenças sociais ou econômicas, de pontos de vista religiosos ou filosóficos.

Somente a prática obstinada, verdadeira e contínua deste princípio fundamental de respeito aos direitos humanos é que nos levará um dia, a um mundo de paz!

São palavras de Zamenhof:

"Os desentendimentos recíprocos entre os povos não

se extinguirão até que os homens se acostumem a estabelecer a expressão SER HUMANO num plano mais alto do que a palavra NAÇÃO... Eu vejo em cada homem tão-somente o **ser humano,** avaliando-o apenas de acordo com o seu valor pessoal e as suas ações".

Amigos, também a Doutrina dos Espíritos, restaurando o ensino de Jesus em sua pureza original, é verdadeiramente clara, é taxativamente categórica a este respeito; e se afina com o ideal esperantista em toda a linha, quando proclama ser a Humanidade constituída de filhos de Deus. Assim, o turco ou o esquimó, o árabe ou o xavante, o hotentote ou o nova-iorquino, todos — sem exceção — somos irmãos. Ali está um Espírito encarnado com a finalidade maior de progresso em todos os sentidos.

Eis por que, desde 1940, a FEB dá apoio moral e sobretudo editorial ao Esperanto. E apoiá-lo é contribuir para a construção de um mundo de paz. Como dizia o genial polonês de Bialystok, o objetivo de todos os homens deveria ser: criar uma Humanidade harmoniosa.

INFORME PUBLICITÁRIO

ORMINDA

O romance espírita, ORMINDA, de autoria do Prof. J. B. Garcia, é uma estória que se desenvolve em uma cidade do interior paulista, envolvendo a vida de uma grande escola estadual.

Em linguagem transparente, do começo ao fim, e criativa em vários lances, a trama prende a atenção do leitor de ponta a ponta e se constitui, sem dúvida numa lição viva de Fé no valor do trabalho e na proteção espiritual. A leitura nos faz bem pelo otimismo que transmite e pelas claras demonstrações de que o Amor é realmente a única chave segura para a construção de vidas duradouras e felizes.

Na vida de dois grandes amigos surge uma jovem rica, bonita, inteligente e espiritualizada...

No prefácio do romance o escritor Jurandir Ferreira confessou: "o livro possui passagens de grande emoção e beleza e constitui uma pungente denúncia pedagógica com um background espírita. A trama prende o leitor e levou-me a lê--lo de enfiada, de um dia para o outro".

VIDAS EM CONFLITOS

Romance Espírita

Este romance do escritor Armando Fernandes de Oliveira já conquistou o mesmo sucesso de outros romances do autor, como Jornadas de Redenção, Cativos do Passado, Algemas Abertas, Paixão e Vingança, A Indigente e Setenta Vezes Sete.

A trama principal reproduz um caso de preconceito, polvo de mil tentáculos, que tem feito incontáveis vítimas ao longo dos séculos. André e Lívia resgatam delitos contraídos em passado remoto, sofrendo perseguições inomináveis, que os levam a lograr o verdadeiro sentido da vida.

Pedidos à Editora EME:

Caixa Postal 93, 13360.000 - Capivari - SP - Fone/fax: (0194) 91-3878